경제사문고 003

마셜 플랜

양동휴 지음

도서출판 해남

마셜 플랜

초판1쇄 인쇄 2019년 5월 2일
초판1쇄 발행 2019년 5월 9일

지은이 양동휴
발행인 노현철
발행처 도서출판 해남

출판등록 1995. 5. 10 제1-1885호
주　　소 서울특별시 서대문구 충정로 38-12(충정로 3가) 우리타워 6F
전　　화 739-4822　　**팩스** 720-4823
이 메 일 haenamin30@naver.com
홈페이지 www.hpub.co.kr

I S B N 978-89-6238-903-6　　93320

머리말

이 책은 2005년 『경제사학』에, 2007년 『국제지역연구』에 게재된 두 개의 관련 논문을 수정, 편집한 것이다. 그 이후 발간된 마셜 플랜에 관한 대표적 논저의 제목은 『가장 고귀한 모험』(*Most Noble Adventure*)(Behrem, 2007), 『평화의 성취』(*Winning the Peace*)(Mills, 2008), 『냉전의 새벽』(*The Marshall Plan: Dawn of the Cold War*)(Steil, 2018) 등인데, 냉전 이후에도, 트럼프 대통령 이후 미국의 불확실성에도, 역사에서 교훈을 얻으려고 한다. 동남아시아에, 심지어 북한에 새로운 형태의 마셜 플랜을 시도할 필요가 있다는 견해도 있다. 제2장의 내용은 지금 우리나라 정부의 신남방 정책 추진에도 시사점이 있으리라.

두 개의 장은 제2차 세계 대전 이후 미국 유럽 관계, 서독과 일본을 아우른 국제 경제 질서를 새로운 시각으로 해석한다. 독일의 국별 결제잔고표와 무역 패턴에 관한 논의가 중복되는데, 이는 글의 문맥상 따로따로 중요하므로 조정하지 않고 그냥 두었다.

제1장의 내용은 다음과 같다. 마셜 플랜에 관한 기존의 연구는 대부분 미국의 대유럽 외교 정책, 특히 냉전과 관련된 경제 외교의

차원에서 이루어졌다. 마셜 원조의 경제적 성과를 평가하고 그 현대적 의의를 살핀다. 첫째, 마셜 원조는 생산 증대에 필요한 재화의 수입은 물론 성장을 위한 투자 가속을 가능하게 하였다. 이에 더하여 생산성 향상과 기술 이전을 위한 노력이 수반되었다. 둘째, 통화 금융 개혁을 통한 금융 질서의 안정화를 추진하였으며 물가 통제 및 배급제를 해제하고 시장경제 회복의 틀을 마련하였다. 이것은 또한 노동 시장의 공급 유인을 고취하였다. 셋째, 무역 자유화의 환경을 조성하였으며 적절한 다자 간 경제 기구 형성을 촉진하였다. 그 결과 무역량이 생산보다 빠르게 증가하였다. 넷째, OEEC와 EPU를 결성 운영하게 함으로써 서유럽 경제 통합의 기반을 제공하였다. 즉, 투자 자금이나 외환의 부족을 보전한 것도 중요하지만 '시장 위기'의 극복, 분배 분쟁의 해결, 경제 협력에의 기여 등등이 마셜 플랜의 성과로 평가되어야 한다.

서독의 재건에서 마셜 원조의 기여는 양상이 복잡하다. 자본 스톡과 양질의 미취업 노동력 등 서독 경제의 재건 기반은 많은 부분 국내에 존재하였으며, 문제는 자본 부족이 아니라 낮은 가동률에 있었다. 마셜 원조액이 상대적으로 작았음에도 오히려 집행되지 않은 ERP 수입이 골칫거리였다. 대충자금 투자 실적은 미미하였으며 배상금 명목의 원자재 강제 수출이 서독 경제를 왜곡시킨 면이 있다. 마셜 플랜의 역할을 긍정적으로 평가하기 위해서는 원면 수입의 '기대 효과', 발전소를 건설하여 전기 공급을 증대시키는 등 미시적인 애로 제거를 따져야 할 것이다. 무엇보다도 통화 개혁을 통한 시장경제 회복, 그리고 EPU 가입에 따라 다자 간 유럽 무역에 자본재 공급국으로서 재통합되었다는 사실이 중요하다. 서유럽 경제 부흥이라는 일반 목표, 또 유럽 통합의 추진에서 서독의 역할이 부상하였다.

제2장에서는 다음을 다룬다. 제2차 세계 대전 후 연합국의, 사실상 미국의 서독(1945-1955)과 일본(1945-1952) 점령 정책은 처음에는 비군사화와 민주화 개혁에 역점을 두었다. 그러나 1947년경부터는 정책의 목표가 자립 경제 수립을 위한 경제 회복으로, 이후에는 이들 패전국 경제와 미국 주도의 세계 경제가 협조적으로 발전할 수 있게 하는 쪽으로 방향이 전환되었다. 냉전의 도래와 함께 점령 정책은 서독과 일본의 경제를 부흥시켜 각각 유럽과 아시아에서 공산주의의 팽창을 봉쇄할 첨병으로 육성한다는 목적을 갖게 되었고 또한 이를 달성하였다. 그러나 그 내면에는 세계적인 달러 부족을 해결하고 미국 중심의 협조적 세계 경제를 건설하려는 대원칙이 있었다. 이를 위해 서독과 일본을 각각 유럽과 아시아의 '공장'으로 만들어 지역 경제 통합의 주역이 되도록 할 필요가 있었다. 즉, 집단 안보와 무역망 구축이 함께 간 것이다.

유럽에는 마셜 원조와 EPU 결성을 통해 유럽 경제 통합의 씨앗을 뿌렸고 일본에게는 EROA 원조로 시작하여 엄청난 액수의 군수품 주문을 제공하였으며 동남아 쪽으로의 진출을 북돋웠다. 유럽은 슈만 계획(1950)을 통한 유럽 자체의 경제 통합 계획이 기획되고 있었다. 그런데 미국은 유럽의 경제 부흥에 그치지 않고 정치적 재편까지 꿈꾸었다. 서독과 일본이 전쟁 이전에 그토록 원했으나 좌절하였던 대경제권(Grosswirtschaftsraum)과 대동아공영권을 사실상 이룩할 길을 미국이 결국 열어 준 셈이다. 서독과 일본은 머지않아 그 지역의 '공장'이 되었고 각각 유럽과 아시아 경제권의 중심이 되었다. 달러 부족은 해소되었다. 달러 부족 해소는 지나쳐서 소위 '트리핀 딜레마'에 빠져들었다. 이 장은 영어로 번역되어 Hardach(2012)에 수록되었다.[1)]

1) Karl Hardach, hrsg., *Internationale Studien zur Geschichte von Wirtschaft und Gesellschaft*, Peter Lang, 2012.

차례

제2장

지역 통합, 집단 안보, 무역망 구축: 연합국 점령 하의 서독과 일본 경제

제1장

마셜 플랜의 경제적 성과와 의의: 서독의 재건과 유럽 통합의 추진

I 머리말

1947년 6월 5일 하버드대학 졸업식 축하 연설에서 국무장관 마셜(George C. Marshall)이 유럽부흥계획(European Recovery Program: ERP, 일명 마셜 플랜)의 필요성을 역설하였다. 이때 유럽은 종전한 지 2년 이상이 지났지만 아직 회복 기미를 보이지 않고 있었다. 1947년은 유럽 전역에 걸친 위기의 해였다. 공산주의가 계속 맹렬하게 전진하였고, 동유럽에서 공산당이 상대 세력을 흡수하거나 궤멸시켰다. 서유럽에서도 이탈리아, 프랑스, 벨기에 정부의 연합 정권에서 공산주의자들의 영향력이 강력하였다. 전후 경제 회복이 부진하자 공산주의는 대중적 좌절과 불만을 토대로 세력을 키워 갔다. 미국이 각종 원조를 했는데도[1] 1947년 유럽 경제는 전쟁 직후의 파괴와 참상에서 크게 벗어나지 못하고 있었다. 생산은 대공황 시대인 1938년 수준에도 미치지 못하였다. 일용필수품을 배급하는 일이 일반적이었으며 암시장이 횡행하였다. 서유럽 민주 정부들의 내핍 계획은 좌경 노동조합의 반발에 부딪쳤다. 강대국 간에 '독일 문제'가 제대로 해결되지 못하고 있었기 때문에 각 나라들은 국내에서 장기 계획을 세우기도 어려웠고, 국제적 경제 협력도 제대로 자리를 잡지 못하였다. 독일의 회복이 없는 한 다른 서유럽 나라들은 침체되기

1) 당시까지 일관된 계획 없이 유럽 각국에 제공한 미국의 원조는 90억 달러에 달하였다(Dulles 1993: 6). 또한 Milward(1984: 46) 참조.

마련이었다. 이 산업들에 독일은 무역 대상국으로서도, 석탄과 철강의 공급원으로서도 중요하였다.

이와 같은 정치 불안과 경제 침체 상황은 1947년 겨울의 유난히 혹독한 추위 때문에 더욱 악화되었다. 석탄 공급과 교통망 재건이 크게 압박을 받았고, 다음 추수기의 흉작이 예고된 셈이었다. 많은 사람들이 유럽의 전후 복구가 중단되고 서유럽의 민주주의와 안정이 다시 한 번 봉쇄되었다고 생각하였다. 이러한 긴급 상황에서 마셜이 하버드대학 연설에서 "악순환의 고리를 끊을" 필요를 언급한 것이다. 물론 냉전 상황이 급박해지기 훨씬 전부터 유럽에서는 볼셰비즘을 향한 찬반 물결이 일었다. 또한 뒤에서 다시 서술하겠지만, 1947년에는 이미 경제 회복이 시작되었다는 견해도 있다. 따라서 마셜 원조가 갖는 의미는 제한적이라는 것이다.[2] 어떤 의미에서 마셜 플랜은 경제적이라기보다 정치적이고 심리적인 측면이 강하다. 서유럽 사람들이(수많은 비공산주의 정치가들을 포함하여) 대륙의 장래에 대해 비관적일 때, 미국의 원조 약속은 안정과 발전에 대한 전망을 제시할 수 있었다. 파멸 위기감이 만연한 상황을 극복하고 대중의 신뢰감을 회복하는 일이 당시로서는 관건이었다. 달러 자체보다도 마셜 플랜이 가져올 심리적 후원이 당시 사람들의 인식을

2) 마셜의 연설문은 U.S. Dept. of State, *Foreign Relations of the United States*(FRUS), 1947, III, pp. 237-239 참조. Milward(1984: ch. 1)는 파운드화 태환의 실패, ERP의 설치로 귀결된 1947년 위기의 원인을 서유럽 경제의 침체나 정치, 도덕, 정신적 쇠퇴에 두지 않고 오히려 서유럽의 회복이 가속된 까닭이라고 주장한다. 즉, 설비 투자를 위한 자본재 수입으로 달러가 부족하였던 것뿐이다. "1947년 여름의 긴박한 곤란은 국제 수지의 기술적 문제에 불과한 …"(p. 55).

변화시키는 데 절대적으로 필요하였던 것이다(Judt 2001: 7).

마셜 플랜에 관한 기존의 연구들은 대부분 제2차 세계 대전 후 미국의 대유럽 외교 정책, 특히 냉전과 관련된 경제 외교 부문과 관련하여 이루어졌다. 즉, 이들은 마셜 플랜의 기원과 배경, NATO, 기타 군사 협조 체제와의 관계 등을 중시하였다. 또한 미국 정부 내에서 마셜 플랜이 관료적, 조직적으로 진화하는 과정에 초점을 맞추었다. 복잡한 원조 계획과 집행 과정 자체를 분석한 연구는 드물다. 그리고 공표된 마셜 원조의 경제적 목표와 실제 성과를 연결시키려는 시도가 축적된 것은 비교적 최근의 일이다.[3] 마셜 플랜에는 외교 정책의 도구로 인식될 수 있는 면이 있다. 그렇지만 마셜 원조는 명백히 미국에서 서유럽 여러 나라로 상당한 액수의 자원이 이전된 '경제적' 실체이다. 이 실체는 일정 기간에 특정한 경제적 목표를 달성하기 위한 구체적 지침을 가진 것이었다. 실제로 1948년에 미국 의회를 통과하여 마셜 플랜의 근거가 된 '경제협력법'(Economic Cooperation Act)은 궁극적인 목적을 "건전한 경제 조건, 안정적인 국제 경제 관계, 외부 원조에 독립적인 유럽 경제의 성취"에 두었다. 이를 위해 다음과 같은 네 가지 구체적 목표, 즉 (1) 강력한 생산 증대, (2) 해외 무역의 팽창, (3) 국내 금융 안정의 창출과 유지, (4) 경제 협력의 개발[4]을 설정하였다.

3) Burk(2001: 270)에 따르면 마셜 플랜에 관해 출간된 연구 저서 및 논문의 수는 1,000개가 넘는다. 주요 저작 목록을 훑어 보면 경제적 성과에 관한 분석이 매우 드물다는 사실을 알 수 있다(OECD 1996 참조).

4) "the establishment of sound economic conditions, stable international economic relationships, and the achievement by the countries of Europe of a healthy economy independent of extraordinary

ERP 기간 중(1948. 4-1951. 12) 이러한 목표는 달성되었는가. (1)과 (2)는 당초 예상과 목표를 초과하였다. 1947년부터 1951년까지 서유럽의 통합 GNP는 30% 이상 증가하였다. 산업 생산은 1938년보다 30% 높은 수준으로 목표치를 정하였으나 실제로는 41%를 웃돌았다. 해외 무역에 관해 1948년에 유럽경제협력기구(Organization for European Economic Cooperation: OEEC, 후에 OECD로 확대 개편)가 예상하였던 것은 유럽 내 무역량이 1952/53년에 1938년 수준으로 회복하리라는 것이었다. 실제로는 1950년에 이미 1938년보다 24% 높은 수준으로 팽창하였다. 1948년부터 1951년 말까지 유럽 내 무역은 70%, 서유럽과 다른 세계 간의 수출과 수입은 각각 66%, 20% 증가하였다. 그러나 유럽의 농업 생산이 목표치에 미달하여 1951년 말에도 서유럽은 식품 소비의 30% 정도를 수입에 의존하였다. 또한 서유럽 전체에 심각한 국제 수지 적자와 외환 부족 상태가 계속되었다. 국내 금융도 완전히 안정되지는 못하였고 인플레이션 압력에 시달렸다. 유럽의 경제 협력도 당초의 의욕만큼 이루어지지 않았다. 그러나 (3)과 (4)의 목표를 장기적으로 추구할 수 있는 기반도 마셜 플랜으로 마련되었다는 설명이 전통적이다(Wexler 1983: ch. 14; Wexler 2001: 150-151). 이러한 맥락에서 마셜 원조의 경제적 성과를 평가하고 그 현실적 의의를 살피는 것이 이 장의 목적이다. 특히, 서독의 경험과

outside assistance." Economic Cooperation Act of 1948, Section 102(a). 이것은 Foreign Assistant Act of 1948의 제1조로서 트루먼 대통령이 4월 3일 서명하여 법률(PL 472)로 발효되었다. ERP는 1948년 4월부터 1951년 12월 31일까지 경제협력국 Economic Cooperation Administration(ECA)이 집행하였으며, 이후 즉시 상호안보계획(Mutual Security Program)으로 연결되었다.

유럽 통합의 움직임을 더욱 상세히 고찰하고자 한다.

독일의 경우 세계 대전 발발의 책임이 있고 국토가 초토화된 패전국이며, 마셜 플랜이 서유럽과 동유럽의 분리를 고착시키는 과정에서 분단 국가가 된 특수한 사례이다.[5] 자연스럽게 이 글의 주요 관심사는 ERP가 서독 경제의 재건에 기여한 성과와 의의에 있다. 서독의 특수성을 부각시키기 위해 먼저 마셜 원조 수혜 국가들의 경험을 전반적으로 분석하였다. 물론 각 나라마다 상황이 달랐다.

글의 구성은 다음과 같다. 제2절에서 마셜 원조액의 국가별 배분을 살펴보고 경제적 성과에 관한 해석의 변천을 설명한다. 다음으로 생산 증대, 금융 안정, 무역 확대, 경제 협력의 순으로 그 내용을 자세히 검토한다. 제3절에서는 우선 미국의 서독에 대한 원조와 그 성과를 연도별로 평가한다. 다음으로 서독 마셜 플랜의 경제적 성과에 대한 해석이 어떻게 변모해 왔는지 수정주의를 중심으로 살펴본다. 특히, 통화 개혁과 무역 확대, 또 서독이 서유럽 경제에 통합되는 과정을 따로 논의한다. 제4절에서는 본문을 요약하고 마셜 플랜의 경험이 갖는 현대적 의미와 시사점에 대해 생각해 본다.

5) 서독은 마셜 원조 수혜액이 13억 달러 정도였으며 점령 지역 관리 및 구호 기금(GARIOA), 상호방위지원계획(MDAP) 등을 합한 미국의 지원 총액은 약 34억 달러에 이른다. 〈표 1-1〉과 〈표 1-7〉 참조. 같은 패전국인 일본이 좋은 비교 대상이 되리라 생각된다. 참고로 GARIOA와 경제부흥원조자금(EROA)을 포함한 미국의 점령 기간(1945-1952)중 대일 원조는 약 21억 달러에 달하였다(김종현 1991: 276 참조).

II 마셜 플랜의 경제적 성과

앞서 말한 것처럼 미국은 마셜 플랜 이전에도 유럽 각국에 원조를 제공한 바 있다. 이 원조는 때로는 무기 대여 계획(Lend-Lease Program)의 연장선에서, 때로는 국제연합 구호복구사업(United Nations Relief and Rehabilitation Administration: UNRRA)이나, 1946년 7월 이후에는 점령 지역 관리와 구호 기금(Government and Relief in Occupied Areas: GARIOA)을 통해 이루어졌다. 또한 1949년 10월에 통과된 상호방위지원법(Mutual Defense Assistance Act)에 기반을 둔 상호방위지원계획(Mutual Defense Assistance Program: MDAP)과 1951년 1952년의 상호안전법(Mutual Security Act of 1951, 1952)[6]에 의한 상호안전계획(Mutual Security Program: MSP)을 통해서도 각종 지원이 이어졌다. 이들 원조의 총규모는 ERP 지원금과 거의 비슷하다. 미국 원조의 기여도를 평가할 때 이들도 같이 고려해야 함은 물론이다. 그러나 마셜 원조의 경우 일관성 있게 통합적으로 관리되었다는 점이 다르다. 〈표 1-1〉은 수혜국별 원조액 배분을 보여 주며, 〈표 1-2〉는 ERP 기간 중 참여국들의 산업 생산 지수를 나타낸다. 〈표 1-2〉와 〈표 1-1〉 사이에 직접적인 관계는 거의 없을 것이다. 마셜 원조가 없었다 해도 생산이 증대될 원동력이 존재하였을 것이며, 원조액의 크기 또한 각 수혜국 경제

6) 이 법에 따라 설립된 상호안보청(Mutual Security Agency: MSA)이 1951년 말 ECA의 기능을 대신하게 되었다.

〈표 1-1〉 마셜 원조 액수

(단위: 백만 달러)

수혜국	1948/49년	1949/50년	1950/51년	누적 합계
오스트리아	280.0	166.5	114.3	560.8
벨기에-룩셈부르크	261.4	210.9	74.3	546.6
덴마크	126.2	86.1	45.1	257.4
프랑스	1,313.4	698.3	433.1	2,444.8
서독	613.5	284.7	399.1	1,297.3
그리스	191.7	156.3	167.1	515.1
아이슬란드	8.3	7.0	8.4	23.7
아일랜드	86.3	44.9	15.0	146.2
이탈리아(트리스트 포함)	685.9	416.2	246.1	1,348.2
네덜란드(인도네시아 포함)	571.1	305.6	101.9	978.6
노르웨이	101.1	89.5	46.1	236.7
포르투갈	0.0	38.8	11.7	50.5
스웨덴	45.4	51.9	21.2	118.5
터키	49.0	58.5	45.0	152.5
영국	1,619.7	907.9	289.4	2,826.0
EPU 출연	0.0	0.0	350.0	350.0
합계	5,953.0	3,523.1	2,376.8	11,852.9

주: 연도는 회계연도 7월 1일 – 6월 30일을 말하며 1948/49년은 1948년 4월부터를 포괄한다. 1950/51년도에는 MDAP 원조액이 포함되어 있다.

자료: Mutual Security Agency, *Procurement Authorizations and Allotments*, Division of Statistics and Reports, Washington, D.C.(1953: 4)에서 작성.

의 규모를 고려하여 평가해야 되기 때문이다. 〈그림 1-1〉은 각 수혜국들에 대해 GNP에 대한 마셜 원조의 배분과 성장률을 표시하고 있으나 뚜렷한 상관관계가 보이지 않는다.

〈표 1-2〉 서유럽의 산업 생산 지수, 1948-1951(1938=100)

국가별	1948	1949	1950	1951
오스트리아	85	114	134	148[1)]
벨기에	122	122	124	143
덴마크	135	143	159	160
프랑스	111	122	123	138
서독	50	72	91	106
그리스	76	90	114	130
아일랜드	135	154	170	176[2)]
이탈리아	99	109	125	143
룩셈부르크	139	132	139	168[1)]
네덜란드	114	127	140	147
노르웨이	125	135	146	153
스웨덴	149	157	164	172
터키	154	162	165	163[1)]
영국	120	129	140	145
ERP 참여국 전체	99	112	124	135
서독을 제외한 ERP 참여국	119	130	138	145

주: 1) 1951년 처음 세 개 사분기 평균.
2) 1951년 처음 두 개 사분기 평균.
자료: *First Report to Congress on the Mutual Security Program*, p. 75; Wexler(1983: 94)에서 전재.

실제로 마셜 원조의 배분은 각국의 경제 규모가 아니라 해외 무역에서 발생하는 달러 적자의 크기에 따라 결정되었다(〈그림 1-2〉 참조). 4년간 총액 약 120억 달러(2018년 가격으로 약 1,300억 달러)에 이르는 마셜 원조는 무상 공여 91억 9,940만 달러, 대부 11억 3,970만 달

〈그림 1-1〉 연평균 GNP 성장과 마셜 원조 배분(% of GNP), 1948-1951

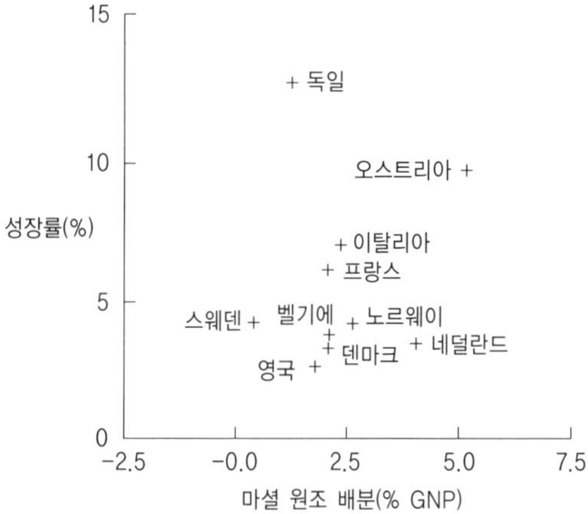

자료: Eichengreen and Uzan(1992: 20)에서 작성.

러, '조건부' 원조 15억 4,290만 달러로 구성되었다. 여기서 조건부 원조는 1948년의 서유럽 내 지불 협약을 뒷받침하기 위한 것이다. 흑자국이 적자국에게 외환을 공여하고 대신 미국에서 같은 액수의 보상을 받는 것이다. 사실상 서유럽 국가 간 무역을 촉진하기 위한 지불이며 양도 가능하였다(Milward 1984: 95).[7]

7) 총액의 크기는 ERP 이전부터 존재하던 원조나 MDAP 원조가 뒤섞여 정확하게 표현하기 어렵다. 또한 스페인의 경우 별도의 대부 계획이 집행되었다. 본서의 〈표 1-1〉이 가장 믿을 만한 수치를 제시하고 있다. Gardner(2001: 120)의 표는 Wexler(1983)를 잘못 인용하고 있다. 1948/49년의 수치는 4월 3일부터 4월 2일까지, 1949/50년은 7월 1일부터 6월 30일까지를 표시하여 일관성이 없고 더욱이 1950/51년은 전혀 다른 EPU 쿼터를 인용하여 터무니없다. Hardach(1994: 244)의 표에는 벨기에-룩셈부르크가 빠져 있다. 참고로 미국은 소련과 동유럽에도 ERP 원조를 제안하였으나 소련의 반대로 무산되었다.

〈그림 1-2〉 연평균 경상수지와 마셜 원조 배분, 1948-1951

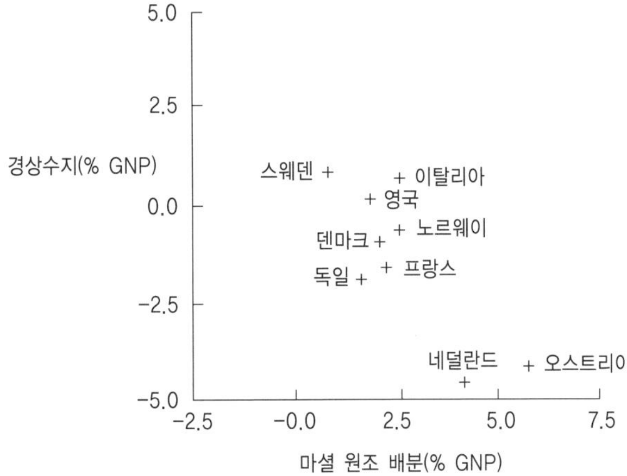

자료: Eichengreen and Uzan(1992: 27)에서 작성.

공여 및 대부 형태로 제공되는 외화는 재건을 위한 수입 대금으로 쓰였다. 수입업자는 같은 금액을 자국 화폐로 그들의 정부에 지불한다. 대신 정부의 달러화 계정에는 대충자금(counterpart funds)이 생성되어 투자 활동이나 공채 상환 등에 사용할 수 있었다. 이 자금의 사용에 ECA의 동의를 요구하는 방식으로 미국이 영향력을 행사함으로써 유럽 국가들로 하여금 시장 기구의 범주 내에서 자본 형성을 추진하도록 유도한 것이다. 마셜 원조의 약 15%는 '기계와 운송 장비'에 투자되고 나머지는 원자재와 농산물 구입에 사용되었다. 물론 나라마다 특징이 있었다. 영국이나 서독은 자본재 수입의 비중이 낮고 프랑스는 높다(〈표 1-3〉 참조). 여기서 나라마다 ERP 수입의 구성이 다른 것은 차후 마셜 플랜의 경제적 성과를 평가하는 데 중요한 의미를 갖는다.

마셜 원조의 경제적 성과에 관한 해석은 그동안 여러 모로 변천을 겪었다. '고전적인' 해석은 미국의 자금이 유럽으로 대거 이전된 사실을 중시하였다.[8] 1950년대에 비해 일반적으로 낮은 저축률 때문에 마셜 원조 기간(1948-1951) 동안 자본 형성이 부족하였으며, 미국의 자금이 이를 보전하여 설비 투자의 증대를 가능케 하였다는 것이다. 최신 기술이 체화된(embodied) 새로운 자본 설비는 유럽의 생산성을 제고하는 데 도움이 되었다. 또한 마셜 플랜의 기술 지원 규정에 따라 미국 기술이 서유럽에 빠르게 이전되어 성장을 더욱 가속하였다.

더욱 중요한 것은 국제 수지 적자에 따른 외환 부족이었다. 석탄 부족으로 비료 생산에 차질을 가져와 식품 생산에 곤란을 겪었다. 또한 석탄 등 연료와 탄광의 수갱에 버팀목으로 쓸 목재가 부족하여 철강 생산에 한계가 있었고, 면화가 부족하여 직물 생산에 애로가 발생하였다. 석탄과 면화 등 원자재를 수입하려면 금이나 달러가 필요하였다. 마셜 원조가 외환 제약을 완화함으로써 이와 같은 애로를 제거한 것이다.

마셜 원조는 기본 인프라, 즉 철도, 운하, 항만, 도로, 전기선, 공

8) 예를 들어, 마셜 플랜의 '공식' 역사인 Price(1955).

〈표 1-3〉 총수입에 대비한 ERP 수입 구성

	1949 ERP 수입에 대한 비중(%)	1949 총수입에 대한 비중(%)	1950 ERP 수입에 대한 비중(%)	1950 총수입에 대한 비중(%)
오스트리아				
식품	77.7	26.2	42.9	21.9
석탄과 관련 연료	4.5	14.4	0	15.6
기계와 운송 장비	11.9	6.8	12.0	10.5
덴마크				
식품	16.7	8.6	13.0	8.5
석탄과 관련 연료	0.3	10.1	0	10.0
기계와 운송 장비	21.9	12.9	20.1	11.2
프랑스				
식품	12.5	24.0	0.3	24.6
석탄과 관련 연료	8.8	10.1	0.4	5.0
기계와 운송 장비	21.1	9.1	38.8	10.5
이탈리아				
식품	35.2	27.0	8.8	17.4
석탄과 관련 연료	10.5	11.5	0.1	8.8
기계와 운송 장비	6.9	1.1	29.7	3.1
네덜란드				
식품	23.1	15.2	36.6	15.8
석탄과 관련 연료	1.8	3.6	0.4	3.0
기계와 운송 장비	22.5	11.5	26.8	9.3
노르웨이				
식품	18.8	10.3	48.2	13.1
석탄과 관련 연료	0	3.9	0	3.8
기계와 운송 장비	6.0	36.4	22.0	33.1
영국				
식품	32.5	42.7	34.0	37.9
석탄과 관련 연료				
기계와 운송 장비	8.3	0.4	12.2	0.3
서독				
식품	48.6	43.6	34.5	40.1
석탄과 관련 연료				
기계와 운송 장비	3.5	1.6	4.2	2.6

자료: UN, *Yearbook of International Trade Statistics*; US, *Statistical Abstract of the United States, 1950*, 1951; Milward(1984: 103-104)에서 전재.

항 등을 재건하는 데 기여하였다. 또한 노동자들에게 식량과 주거를 제공함으로써 근로 의욕을 고취하고 생산성을 높였다.

이러한 고전적 해석에 반박하는 '수정주의적' 견해가 등장하였다(Abelshauser 1982, 1991; Milward 1984, 1991). 이 견해에 따르면 마셜 원조가 도착하기 이전에 이미 경제 회복이 시작되었다. 원조가 없었더라도 자본 및 노동이 유럽을 부흥시킬 수 있을 만큼 충분히 공급되었다. 인프라도 1948년경이면 전쟁 전 수준으로 회복되었다. 그리고 마셜 원조액은 유럽 전체 투자액의 10% 미만이었으므로 원조가 없었더라도 비슷한 속도로 성장이 가능하였을 것이라는 등등이 이들의 주장이다.[9] 그러나 기술 지원 규정의 효과에 대해서는 아직 잘 분석이 이루어지지 않았다. 특히, 외환이 제약을 받아 원자재를 수

9) 원조액은 수혜국 GDP의 2% 정도이며 첫 두 해에 집중되어 있다. 이것은 총투자의 10% 정도에 해당하는데 나라에 따라 다르다. 아래 표는 Maier(1987: 172)에서 전재한 것임.

국가별	1948	1949	1950	1951
영국 미국의 원조 / 국내총자본 형성	$937m / $10,400m =9%	$1,009m / $9,000m =11%	$629m / $6,400m =10%	$429m / $6,300m =2%
프랑스 미국의 원조 / 국내총자본 형성	$781m / $5,600m =14%	$ 766m / $5,600m =12%	$465m / $4,460m =10%	$421m / $5,380m =7%
서독 미국의 원조 / 국내총자본 형성	$1,130m / $3,600m =31%	$ 948m / $4,340m =22%	$470m / $4,400m =11%	$362m / $5,300m =7%
이탈리아 미국의 원조 / 국내총자본 형성	$ 399m / $1,500m =27% (순투자)	$437m / $1,300m =34% (순투자)	$257m / $2,700m =10%	$261m / $3,000m =9%

주: 모든 수치의 단위는 경상가격 백만 달러; 이탈리아의 1948과 1949 자료는 국내순자본 형성; 서독 1948은 상반기 자료가 없으므로 추정치.

입하는 데 애로를 해결하는 문제는 그대로 남는다. 대체 원자재 개발이 가능한 부문도 있겠으나 면화나 석탄은 대체가 곤란하다. 이들 원자재 수입의 직·간접적인 총경제적 효과는 투입-산출 분석(input-output analysis)으로 추정할 수 있다. 예를 들어, 이탈리아는 마셜 플랜 기간 동안 7,200만 달러 규모의 석탄을 수입하였다. 이들이 철강 생산, 정유, 교통 등에 미친 영향을 모두 고려하면 이탈리아 1년 국민 총생산의 3.2% 정도이다(Delong and Eichengreen 1993: 209-210). 나라에 따라 수입 품목, 수입량, 산업 구조가 다르므로 이 효과는 훨씬 더 커질 수 있다. 프랑스나 노르웨이와 같이 의욕적인 근대화 계획을 추진한 경우 외환 제약 완화에서 얻는 성과가 괄목할 만하였다(Milward 1984: 50-53, 102). 물론 여기에는 각국의 사례 연구가 더 필요할 것이다.

'최근의 해석'은 더욱 많은 변수를 고려한다. 마셜 원조가 투자 촉진, 수입 증가, 인프라 재건 등에 미친 영향보다 다른 면에서 더 큰 영향을 미쳤다. 즉, 정치적 불안정, 소비재 부족, 금융 혼란의 위험 등으로 말미암아 생산자들이 상품을 퇴장시키고 노동자들이 근로 의욕을 상실하는 '시장 위기'를 극복하게 해주었다는 것, 물가 및 환율을 안정시키고 시장에 대한 믿음을 제공한 면이 더 중요하다는 설명이다. 이러한 해석은 마셜 원조의 제공 조건(conditionality)에 통제 및 규제 완화와 자유화가 포함된 것에 주목한다. 또한 파이를 키워 분배 분쟁을 해결한 면이 있다. 구체적으로는 국제 수지 적자를 줄이고, 소비재 수입으로 생활 수준을 향상시킴으로써 분배적 갈등을 해소시켰다는 것이다. 특히, 프랑스와 이탈리아에서 사회당과 공산당을 무마하고 중도파의 입지를 강화하였다(Eichengreen and Uzan 1992; Esposito 1994; Maier 1987; Barkin 1983).

또한 마셜 원조 조건에는 수혜국들 간에 원조금 사용 계획을 공동으로 제출하도록 하는 규정이 있었다. 이것이 유럽경제협력기구(OEEC) 설립의 계기가 되었다. ERP는 IMF와 미국 정부 일부의 반대를 극복하고, 또한 3억 5,000만 달러의 운영 자금을 지원하여, 유럽지불동맹(European Payments Union: EPU)을 결성하게 하였다. 이들이 유럽 통합에 기여한 바가 크다. EPU는 예전의 쌍무적 계약에서 다자 간 계약으로 결제 방식을 바꿔 무역 확장을 가능하게 하였다. EPU는 국제결제은행(BIS)에만 지불 책임이 있고 IMF 규약에서 벗어나 있었다. 또한 EPU는 미국에 대해 차별 대우를 허락 받았고, 1958년에 태환이 재개될 전기를 마련하였다(Eichengreen 1993).

1. 생산 증대

마셜 원조를 집행하기 위해 1948년 4월 미국 측에서 ECA가 활동을 시작하였다. 유럽 측에서는 OEEC를 설립하여 원조금의 국별 배분 계획과 사용 계획을 공동으로 입안, 제출하였다. OEEC는 생산 증대, 물가 안정, 경제 협력, 달러 지불 문제 해결 등을 목표로 세부 사안을 준비하였다.[10] 마셜 원조가 소비재 및 원자재 수입, 또 기계 및 운송 장비 도입에 투입되었다는 사실은 위에 언급한 바와 같다(〈표

1-3〉 참조). 이 과정에서 발생한 대충자금이 공채 상환이나 투자 활동에 사용되었다. 사용처에 대한 ECA의 영향력이 실제로 얼마나 작용하였는지에 대해서는 논란의 여지가 있다. 미국의 원조가 4년 동안 적절한 규모로 계속되리라는 가정 하에 OEEC 국가들은 매년 GNP의 평균 20%에 달하는 투자 목표를 세웠다. ERP 기간 도중 스칸디나비아 제국을 비롯한 몇몇 나라들은 투자율이 30%에 이르렀다. 투자 총액 이외에 투자의 배분에도 ECA가 간여하였다. 대충자금 약 76억 달러 가운데 약 48억 달러가 투자 목적으로 지정되었다. 이중 19억 달러가 공익 사업과 교통통신 설비에, 7억 7,470만 달러가 제조업에, 6억 9,350만 달러가 농업에, 5억 8,440만 달러가 주택 건설에, 4억 8,560만 달러가 광업에, 그리고 3억 7,810만 달러가 기타 생산 활동에 배분되었다. 기술 지원과 생산성 프로그램에도 액수는 상대적으로 미미하지만 대충자금이 투여되었다. 그러나 ERP가 공식적으로 종료되었을 때 10억 달러 정도의 자금이 아직 집행되지 않았다는 사실을 염두에 둘 필요가 있다(Wexler 1983: 86-87).[11]

대충자금 가운데 약 23억 달러는 공채 상환에 쓰였다. 〈표 1-4〉를 보면, 노르웨이와 영국은 대충자금 거의 모두를 공채 상환에 사용하였다. 이들은 물가 안정을 위한 조치로 평가된다. 그러나 문제는 수혜국의 대충자금 사용에 ECA가 갖는 영향력이 한계를 가지고

10) "마셜 플랜은 개별 국가들에 대한 원조 이상의 것이었다. … 그것은 OEEC가 ECA의 도움을 받아 수행한 방대한 회복 계획의 일부였다"(Barbezat 1997: 33).

11) 이 통계는 1948. 4. 3 - 1951. 11. 30 기간의 지출 승인액이고 〈표 1-4〉는 1952. 6. 30까지를 포괄하고 있으므로 약간 차이가 있다.

〈표 1-4〉 국가별 사용 목적별 대충자금 지출 승인액, 1948. 4. 3-1952. 6. 30

(단위: 백만 달러)

	ERP 참여국 총계	덴마크	프랑스	서독	이탈리아	네덜란드	노르웨이	터키	영국
생산 촉진									
생산 합계	4,466.3	62.4	1,925.6	753.7	823.8	212.8	8.4	51.0	2.2
전기, 가스, 기타 동력	1,025.5	0.6	738.4	182.6	1.0	0.0	0.0	0.6	0.0
교통통신	957.5	2.8	294.2	86.8	348.9	13.6	2.7	13.9	0.0
농업	817.6	11.2	234.1	70.7	204.8	166.5	0.0	15.2	0.2
제조업	681.7	6.7	249.2	218.7	22.6	32.3	0.0	8.0	0.0
광업	481.8	0.0	340.6	91.8	0.0	0.0	5.7	14.7	0.0
기타 생산	502.2	41.1	69.1	103.1	246.5	0.4	0.0	4.6	2.0
기타 목적									
공채 상환 (금융 및 재정 안정)	2,583.3	130.1	171.4	0.0	0.0	197.4	292.7	0.0	1,706.7
주택 및 공공 건물	767.5	0.0	314.4	97.7	172.7	88.1	0.0	0.0	0.0
건설 생산 조달	460.9	9.4	283.9	0.0	0.0	46.3	0.0	60.4	47.5
기타	373.3	2.2	7.5	157.7	45.9	3.0	0.0	11.0	6.4
지출 승인액 총계	8,651.3	204.1	2,702.8	1,009.1	1,042.4	547.6	301.1	128.4	1,762.8

자료: Mutual Security Agency, *Report to Congress*, December(1952: 13)(7개의 작은 나라들은 표시 않음); Eichengreen and Uzan(1992: 43)에서 전재.

있다는 것이다. 마셜 원조 제공 조건을 효과적으로 준수하였는지 여부는 나라에 따라 달랐다. 경제 규모가 크고 재정적 여건이 좋았던 영국이나 프랑스에서 미국의 조건은 잘 지켜지지 않았다. 그리스 같은 나라에서는 비교적 준수되었다. 영국의 담당자들은 "공여자금 사용처에 대해 ECA에 언급도 하지 않으려 하며, 심지어는 대충자금으로 상환할 목적으로 특정 공공 채무를 창출하기도 하였다"(Wexler 1983: 112).

프랑스에서는 마셜 플랜 집행자들이 모네 플랜(Monnet Plan)에 따른 고율의 투자와 다퉈야 하였다. 이것이 강력한 인플레 압력을 수반하였기 때문이다. 대충자금이 정부의 투자 추진에 광범위하게 동원되면서 얼마 가지 않아 국가경제 대수술 계획의 일부가 되었다. 고율의 투자는 예산의 불안과 물가 상승을 의미하는 것으로, 미국의 관리들은 프랑스에 건전한 재정과 신용 팽창의 제한을 요구하였다. 그러나 프랑스 당국은 적자 예산을 고집하였다. 미국이 대충자금 지출 승인을 거부할 경우 중앙은행 차입을 확대한다는 전략으로 반발하였다. 결국 모네 플랜은 계획대로 집행되었다. 1948-1950년 동안 대충자금의 48%가 이 목적으로 지출되었다. 더욱 중요한 것은 이 같은 타협이 공산당과 드골의 극우파 양측에서 공략을 받고 있던 중도파 정부의 입지를 강화하였다는 사실이다(Esposito 1995: 78-80; 1994: chs. 2-4).[12]

12) 아래 표는 대충자금의 중요성을 보여 준다. 즉, 1948년에 비해 1949년의 예산 적자는 절반 이하로 떨어졌고 투자의 재무부 경상계정 조달분이 7%밖에 안 되었는데도 공공 투자액이 더욱 늘어난 것이다. 인플레이션을 부추기는 방식의 자금 조달이 증가하지 않은 것도 심리적 금융 안정에 큰 도움을 주었다(Esposito 1994: 88-89).

프랑스의 국가 재정, 1946-1949

(단위: 10억 프랑)

	예산 적자	투 자		중앙은행 차입	ERP 대충자금
		공공 투자	재무부 경상계정에서 지출		
1946	148	100	-	+73	-
1947	184	151	91%	+115	-
1948	338	445	44%	+17	140
1949	151*	605	7%	+7	263

이탈리아는 프랑스와 정반대 상황이었다. 경제 근대화에 대한 강조는 없었고 금융 안정의 필요성을 중요시하였다. 국제적으로 패전국의 지위를 감안하여 신중한 정책과 미국의 협조를 추구할 수밖에 없었다. 파시즘 시절에 지나친 국가 간섭으로 경제가 침체하였던 경험 때문에 종전 후 자유주의적 경제학자와 기업가들은 정부 개입을 강력히 제한하려 하였다. 1947년 기민당 정부는 인플레이션을 진정시키기 위해 극단적인 처방을 내렸다. 은행 신용과 예산 지출을 과감히 삭감하여 투기적 재고가 폐기되었고 물가가 급락하였다. 즉각적인 물가 안정은 고통을 수반하였다. 실업자가 200만을 넘어 몇 년간 그 수준에 머물렀다. 대신에 중간 계급의 저축과 구매력이 회복되고, 중간층의 지지를 받은 정부는 금융 안정화 정책을 수년 동안 유지하였다. 대충자금 지출은 인플레 재발 우려 때문에 매우 느린 속도로 이루어졌다. 미국은 1949년부터 이탈리아 정부에게 상세한 투자 계획을 수립하여 실행할 것을 요청하였다. 즉, 생산과 생산성 증가, 실업 감축, 생활 수준 향상을 통해 1952년까지 미국 원조에서 독립된 경제 성장을 이룰 수 있게 한다는 계획이었다. 그러나 이러한 일관된 계획은 1953-1954년까지 미루어졌다. 1950년 상반기에 사민당의 공격과 농민 폭동, 토지 점령, 급진적 농지 개혁 및 재정 개혁 요구 등의 압박을 받은 새 정부는 ERP 대충자금을 이용하여 투자 활동을 적극 추진하였다. 그러나 그해 6월 한국전쟁 발발에 따른 물가 불안으로 다시 내핍 정책으로 돌아섰다. 프랑스에서와는 다른 이유로, 대충자금은 미국이 이탈리아의 경제 정책을 조정하는 효과적인 도구가 되지 못하였다(Esposito 1995: 81-85; Esposito 1994: chs. 5-7).

생산이 증가하려면 투자 총액과 그 배분뿐 아니라 생산성도 높아져야 한다. 미국과 유럽의 생산성 격차는 마셜 플랜 기간 내내 당연히 OEEC와 미국의 주요 관심사였다. 1949년 ECA는 향후의 자금지원을 생산성 차이를 극복하려는 노력의 정도에 연계시킬 것임을 분명히하였다. 이에 따라 OEEC는 과학기술위원회(Committee for Scientific and Technical Matters)와 기술 지원 그룹(Technical Assistance Group)을 구성하였다. 이들의 주도로 1950년대에 각국별 국가생산성본부(National Productivity Center)들이 결성되었다. 미국 의회는 1952년에 마셜 플랜의 일환으로 OEEC 국가 10개국에 1억 달러, 또한 OEEC에 250만 달러를 공여하여, 유럽 생산성 캠페인 기금을 조성하였다(Benton-Moody 원조). 그리고 수혜국들은 이 중 8%를 대충자금 명목으로 새로운 기구에 자국 화폐로 납부하였다. 이에 응답하여 OEEC 의회는 1953년 3월에 유럽생산성청(European Productivity Agency: EPA)을 설립하였다. 이는 정보를 보급하고 생산성 프로그램을 조정한다는 목표를 가지고 있었다. 미국의 직접 기여와 회원국들의 대충자금을 합한 EPA의 총자본은 35억 프랑스 프랑에 달했다. 또한 로마조약(1957) 체결 때까지 미국은 중요하다고 판단된 특정 사업을 촉진하기 위해 연평균 150만 달러의 특별 기여를 제공하였다. OEEC 의회가 최고 결정 기관이었지만 EPA 운영은 생산성 및 응용연구위원회(Productivity and Applied Research Committee: PRA)가 하였다. 또한 회원국들의 생산자, 노동자, 기술자 조직의 대표로 구성된 자문 위원회를 두었다. EPA의 예산은 기업 경영 기술, 응용 연구, 농업, 저개발 지역 등 12개 부문에 배분되었다(Barbezat 1997: 39).[13)]

다시 말하면 마셜 플랜은 자본 형성에 추가적으로 기여하였다기보다는 생산에 대한 유럽의 태도를 변화시키는 역할에서 더욱 중요하였다. 미국식 과학적 관리와 대량 생산 기술의 채택을 촉진한 것이다. 그러나 ECA의 생산성 홍보 캠페인을 통해 이와 같은 태도 변화를 시도하는 데에는 많은 저항이 뒤따랐다. 마셜 플랜의 기술 지원만으로 뿌리 깊은 태도와 관행을 하루아침에 바꾸기에는 역부족이었다. 그렇지만 ECA는 ERP 원조를 이용하여 유럽의 정부들이 생산 부문의 구조 조정 노력을 하게 해야 한다고 믿었다. 또한 ECA는 기술 지원으로 미국식 모델의 생산과 노사 관계를 채택하게 함으로써 유럽의 생산성을 계속 높일 수 있다고 자신하였다. 미국의 원조는 '생산성의 정치'로 이해해야 할 것이다. 마셜 플랜은 생산성과 경제 성장, 생활 수준 향상을 자극하도록 고안된 정책이 사회적 갈등을 해소될 수 있으리라는 미국식 사회철학을 유럽에 가져다주었다. 문제는 이러한 기법이 계급 분할의 정도가 미국보다 심하고 대량 생산 기술이 덜 발달한 유럽에 성공적으로 적용될 수 있었는지에 있다(Reichlin 1995: 44-47).[14)][15)]

13) 1952년에 17개 OEEC 국가 중 11개국이 생산성 본부를 두었다. EPA의 활동 범위와 이들이 유럽의 노동에 미친 영향에 대해서는 Carew(1987) 참조.
14) 생산성의 '전도'는 다각도로 이루어졌다. 유럽 사절단의 미국 공장 방문과 미국 전문가의 유럽 파견을 통한 경영, 기술, 노사 관계의 시범과 교육; 미국의 노동 지도자, 경영인, 공무원들이 협력하여 성장과

2. 금융 안정

ECA 관료들은 경제가 계속 성장하려면 물가가 안정되어야 함을 잘 알았다. 그러나 그들은 1947년의 이탈리아나 1948년의 서독에서 취해진, 급격한 긴축 정책을 쓰고 싶어하지 않았다. 극단적 조치가 회복을 방해할까 우려하여 점진적 안정화 과정을 원하였다. 실제로 서유럽 각국의 금융 안정화 과정은 다양하였다. 몇몇 나라는 금융 자산 몰수를 수반하는 급진적 개혁을 택하였다. 다른 나라들은 인플레이션이 금융 자산의 가치를 잠식하도록 방기하였다. 어떤 이들은 급속한 통제 해제를, 다른 이들은 완만한 자유화를 택하였다. 각국 정부는 과잉 유동성 문제를 해결해야 하였다. 전시의 소비재 부족은 민간의 금융 자산 축적을 낳았고 이것이 인플레이션 통제 정책을 무산시킬 위험이 있었다. 그리하여 1944년 10월부터 1945

형평 분배의 이득에 대한 공동 관심사를 설명하고 계급 투쟁에 기반을 둔 행위, 사회적 위계질서의 고수, 특정 정당에의 충성 등을 만류; 미국의 기업인들이 정부와의 협동, 노동조합과의 협조, 카르텔보다 경쟁을 선호하는 등등의 중요성 설파; 이런 모든 것이 '미국식'이라는 항목에 포함된다고 주장할 수 있다. 미국인에게 마셜 플랜의 "목적은 서유럽을 미국의 이미지 안에 재형성"하는 것이었다(Hogan 1987: 89). 그러나 이것은 '미국식'이기 때문이 아니고 실용적이라고 믿었기 때문에 추진한 것이 아닐까(Diebold 1988: 425 참조).

15) 아직은 미국식 경영 모델의 실질적 전파보다는 '이데올로기' 수준에서 연구가 진행 중인 듯 보인다. 미국식 경영의 우월성 주장에 대해서는 미국을 방문한 유럽인의 열광과 미국 경영 개념과 패션의 보급 등이 기록되었다. 그러나 프랑스의 생산성 사절단의 대부분은 미국의 경험을 프랑스에 적용하는 것이 불가능하거나 심지어 바람직하지 않다고 보고하였다. 영국 엔지니어와 경영자들은 미국 스타일 대량생산에 적대적 반응을 보였다는 사실이 부각되었다. 미국의 기술, 더 중요하게는 미국 방식으로 작업장을 조직하는 일이 유럽의 기업에서 심각한 저항에 부딪쳤다는 사례 연구도 있다. 그렇지만 현 단계에서 전파 과정과 그 결과가 심층적으로 연구된 분야는 경영 교육 정도일 것이다. 미국식 비즈니스 스쿨과 종합 경영 교과목이 제2차 세계 대전 후 영국, 독일, 프랑스에 도입된 과정(속도와 범위)이 검토되었다. 그러나 경영 교육의 전파가 미국식 경영 모델의 전파를 말해 주지는 않는다(Kipping and Bjarnar 1998: 3).

〈표 1-5〉 통화 개혁, 안정화, 경제적 성과

	몰수적 통화 개혁	안정화 계획	1인당 GNP 성장률(%) 1940-1959	인플레이션(%) 1950-1959
오스트리아	1945년 7월 1945년 11월		5.6	7.0
벨기에	1944년 10월	신용 긴축, 1945 물가 통제 해제, 1946-1947	2.4	2.2
덴마크	1945년 7월		2.6	3.5
프랑스	1945년 6월 1948년 1월	물가 통제 해제, 내핍 정책, 1948	3.6	6.3
서독	1948년 6월	신용 긴축, 물가 통제 해제, 1949 중엽	6.3	3.1
이탈리아	개혁 없음	신용 긴축, 1947 여름	5.5	3.1
네덜란드	1945년 9월	1950년대까지 물가 통제 1945년 말 내핍 정책	3.3	5.7
영국	개혁 없음	1950년대까지 물가 통제와 배급제 1947 내핍 정책	2.1	4.4

자료: Reichlin(1995: 49).

년 5월까지 24건의 통화 개혁이 이루어졌다. 많은 개혁들이 자산 동결 없이 기존 통화와 새 통화의 전환 비율을 결정하는 데 그친 반면, 벨기에, 프랑스, 오스트리아, 네덜란드를 포함한 몇몇 나라는 부분적 자산 몰수 정책을 택하였으며 자산의 일부분이 폐쇄된 은행 계좌에 동결되었다. 서독의 통화 개혁은 이 두 가지를 결합한 형태였다.

상당 부분 개혁의 궁극 목표는 미시경제적이었다. 통화 개혁으로 억압된 인플레이션이 제거되고 물가 통제도 해제되어 노동 시장의 공급 유인도 회복되었다. 더욱이 통화 개혁에 가끔 수반되는 자본 부과금이나 부유세가 성장에 부정적 영향을 미쳤다는 증거가 없다. 통화 문제가 다른 곳보다 더 심하였던 서독의 예가 명시하는 바와 같이, 통화 개혁은 유동성 문제를 치유하였다. 뿐만 아니라 노동 의욕도 고취시켰다. 〈표 1-5〉는 여러 나라의 안정화 프로그램을 개관하였다. 이탈리아와 벨기에는 긴축적 신용 정책과 상당한 정도의 가격 자유화를 선택하여 비교적 일찍 안정화를 달성하였다. 프랑스와 서독에서 안정화는 지연되었다. 서독의 통화 개혁은 긴축 재정을 동반하여 인플레이션을 빠르게 종식시켰다. 이와 대조적으로 프랑스에서는 개혁이 재정 안정화와 가격 자유화보다 몇 년 앞서 시행되었다. 영국과 네덜란드의 통제 해제는 더욱 늦었다. 많은 경우에 가격 통제는 1950년대까지 유지되었다. 통제를 일찍 해제한 몇몇 나라에서는 한국전쟁 등으로 말미암아 통제를 다시 도입하기도 하였다(Reichlin 1995: 47-48).

3. 무역 확대

종전 직후 서유럽 무역은 대부분 쌍무적 협약 방식으로 이루어졌다. 또한 외환 준비를 위해 고안된 각종 수량 제한에 의해 무역량이 극히 한정되었다. 따라서 OEEC의 초기 과업 중 하나는 회원국 간에 축적된 무역 장벽과 쌍무주의를 유럽 무역에서 제거하는 것이었다. 무역 자유화가 가능하려면 유럽 내에 적당한 지불 장치가 마련되어 통화의 이전성을 보장하고 국제 수지 적자가 날 때 단기 금융을 제공해 줄 수 있어야 하였다. 그러나 다자 간 지불 동맹이 원활히 작동된다 해도 관세나 수량 제한 같은 무역 장벽이 제거되지 않으면 무역 확대를 기대할 수 없다. 그러므로 재화와 용역 무역의 통제를 해제하고 이와 동시에 적절한 지불 기구를 결성해야 하였다.

1947년부터 수입 쿼터가 점진적으로 완화되었으나 지리적으로, 부문별로 차이가 있었다. 1948년의 무역 자유화는 영국이 할당 품목의 66%를, 프랑스가 18%, 벨기에가 78%를 감축하는 것이었다. 자유화와 무관하게 사적 보상 협정으로 이루어지는 무역도 잔존하였다. 또한 벨기에, 서독, 스위스, 이탈리아 같은 흑자국은 덴마크, 미국, 노르웨이, 네덜란드, 아일랜드, 오스트리아의 수입 자유화 대상에서 제외되었다.

1950년 1월 말, OEEC 의회는 EPU 발효(7월 1일) 이후 회원국 간 사무역의 추가적 수량 제한을 없애, 자유화가 60%까지 달성되도록 결정하였다. 물론 비회원국들에 대한 수량 제한은 유지할 수 있었다. 그런데 공무역, 특히 농업 부문에 만연하던 (준)정부 수입 기관은 제외되었으므로 자유화의 효과는 시작부터 반감되었다. 이러한 편이는 목표치가 상향된 후 생산물 품목 범위를 더욱 넓혀 동일하게 수량 제한을 철폐한다는 초기 조건을 포기함에 따라 더욱 복잡해졌다. 더욱이 계산의 기준 연도 또한 문제였다. 기준 연도에 어떤 품목의 수입은 거의 없고 다른 품목에서 쿼터 제도가 느슨하거나 없을 경우, 그 해에 총액의 60%에 해당하는 수입에서 수량 제한을 철폐하는 목표는 비교적 쉽게 달성할 수 있을 것이었다. 그리고 국제 수지에 어려움이 있는 나라는 필요에 따라 수입 제한을 다시 도입할 수 있도록 '자유화 규약'(Code of Trade Liberalization)은 이를 허용하였다. 이는 무역 당사국의 반발을 야기하였다. 그 과정에서 EPU의 규율이 훼손되었다. 마지막으로, 모든 자유화 계획에서 관세가 제외되었다. 이것은 관세 및 무역에 관한 일반 협정(GATT)의 소관으로 여겨졌기 때문이다. 따라서 수량 제한의 철폐는 가끔 유예된 관세의 부과로 이어졌다. 수량 제한이 점진적으로 제거되자 관세가 교역 당사국 간의 무역 흐름을 결정하는 주요인으로 등장한 것이다.

1950년 10월 27일 OEEC 의회는 1951년 2월까지 회원국 간에 수입의 75%까지 수량 제한을 철폐하기로 합의하였다. 농업을 둘러싼 이견 때문에 이 목표는 각 품목이 아니라 총액에만 적용하였다. 자유화 대상 품목의 공동 목록을 작성하여 통합 시장을 형성하려는 시도가 있었으나 성공하지 못하였다. 더 이상의 진전은 지연되었다. 서독, 영국, 프랑스가 연이어 국제 수지 위기에 처하여 각국 정부가 자유화를 일시적으로 중단하였기 때문이다. 이러한 위기 상황으로 인해 추가적 자유화를 추진할 시기에 관한 논의가 진전되지 못하였다. 이것은 관세에 대한, 따라서 무역 장벽 전반에 대한 고려가 잘 이루어지지 못하자 소위 '저관세국'들의 태도가 굳어지면서 더욱 악화되었다. 또한 수량 제한 철폐가 진전됨에 따라 정치적, 사회적 또는 전략적으로 불가결한 부문과 관련된 보호주의의 핵심을 건드릴 위험이 커졌다.

이와 같은 문제들이 있었지만, 1955년 1월 OEEC는 90% 자유화의 목표를 채택하였다. 저관세국들은 관세 인하 쪽의 진전을 조건으로 협상에 동참하였다. 목표는 결국 달성되었다. 1958년 12월 프랑스가 동의함으로써 서유럽 내의 민간 무역에서 수량 제한은 사실상 사라졌다. 미국에 대한 나머지 쿼터 차별은 남아 있었다. 물론 농산물의 공무역은 만연하였다. 그렇지만 실험적 출발이라는 점을 고려할 때 성과는 놀랄 만한 것이었다. 관세 문제를 다루는 것은 더 광범위한 다자 간 협약 GATT가 짊어진 힘든 과업이었다. 그러나 서유럽은 1930년대 무역 혼란의 잔재를 극복하고 무역 자유화의 길로 들어섰다. 이것은 OEEC '자유화 규약'의 집행을 감독하는 무역 담당 운영위원회(Steering Board for Trade)의 덕분이었다고 할 수 있다(Barbezat 1997: 37-39).[16] 〈표 1-6〉은 1950년대 서유럽 국가 간 무역 자유

16) 마셜 플랜 기간중 서유럽 국가 간의 수출 성장 지수는 아래와 같다(1948=100).

	1938	1947	1948	1949	1950	1951
벨기에/룩셈부르크	110	81	100	108	123	149
덴마크	139	92	100	130	172	195
프랑스	125	87	100	147	200	237
서독	481	38	100	188	435	622
아일랜드	136	95	100	121	136	135
이탈리아	124	67	100	113	140	175
네덜란드	156	69	100	151	204	242
노르웨이	124	100	100	104	137	161
스웨덴	111	91	100	115	144	147
스위스	79	91	100	99	113	136
영국	73	79	100	110	127	129

자료: UN, *Economic Survey of Europe Since the War*, Geneva, 1953, p. 255; Milward(1984: 257)에서 전재.

〈표 1-6〉 유럽 내 무역: 자유화율(%) 추이

	1950	1951	1952	1953	1954	1955	1956	1957	1958	1959	1960	1961
오스트리아	53	–	–	36	76	82	90	90	90	90	90	90
벨기에-룩셈부르크	56	75	75	87	87	88	91	96	96	96	97	97
네덜란드	55	66	75	92	93	93	–	–	–	–	–	–
덴마크	53	50	68	76	76	76	86	86	86	96	95	95
프랑스	58	75	–	–	51	75	82	–	–	91	(97)	(99)
서독	47	–	77	90	90	90	92	93	94	92	92	93
그리스	–	–	–	(90)	(90)	(95)	(95)	(95)	(95)	(76)	(76)	(72)
아이슬랜드	–	41	41	–	29	29	29	29	29	29	85	85
아일랜드	64	75	75	75	77	77	90	90	90	90	90	90
이탈리아	54	76	100	100	100	99	99	99	98	98	98	98
노르웨이	39	51	75	75	76	75	78	81	81	81	81	85
포르투갈	53	83	100	93	93	93	94	94	94	94	94	85
스페인	–	–	–	–	–	–	–	–	–	–	61	70
스웨덴	53	75	75	91	91	91	93	93	93	93	93	98
스위스	81	85	88	92	92	92	92	91	91	91	91	91
터키	42	63	63	–	–	–	–	–	–	–	–	(52)
영국	57	90	46	58	80	84	94	94	94	95	97	97
회원국 전체	56	65	66	71	81	84	89	83	83	91	91	(94)

주: 매년 6월 30일 현재 수량 제한이 철폐된 사무역의 비중(%)임. 기준 연도는 1948년이나 서독은 1949, 스페인 1950, 오스트리아, 그리스, 1952, 터키 1959, 1960 이후 아이슬랜드 1958, 그리고 1957 이후 벨기에-룩셈부르크, 네덜란드는 1953년임.

자료: *Eleventh Annual Economic Review, Europe and the World Economy*, Paris: OEEC: 185; Eichengreen(1996b: 59)에서 전재.

화의 추이를 보여 준다. 자유화에 따라 무역량, 특히 OEEC 역내 무역량이 산업 생산보다 빠르게 증가하였다(〈그림 1-3〉 참조).

〈그림 1-3〉 OEEC 산업 생산과 무역, 1947-1955((1948=100)

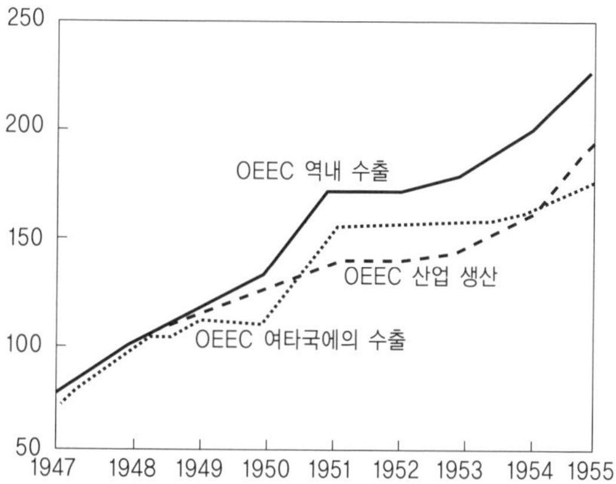

자료: *OEEC Foreign Trade Bulletin*(various issues); Eichengreen(1993: 29)에서 전재.

쌍무주의에서 벗어나기 위한 국제 지불 장치의 마련은 궁극적으로 EPU의 결성(1950)으로 해결되었다. 그 이전에도 다자 간 결제가 시도되었으나 별로 성공적이지 못하였다. 1947년에 수량 제한 등 장벽은 어느 정도 완화되었다. 그러나 자동적으로 경화(硬貨) 신용이 발생하는 각기 다른 액수의 많은 쌍무적 무역 협정들 때문에 무역량은 그다지 늘지 않았다. 즉각적인 대책으로 모든 부채 관계를 한 곳으로 모아 연계시키는(pool) 방안이 시사되었으며, 이에 따라 무역 당사국들은 쌍무 협약이 구체적으로 규정하고 있을 경우에만 금 또는 달러로 결제할 의무를 질 것이었다. 1947년 11월 18일에 벨기에, 룩셈부르크, 네덜란드, 프랑스, 이탈리아를 포함한 11개국이 다자 간 통화 지불에 관한 1차 협약(First Agreement on Multilateral Monetary Compensations)에 서명하였다. 이것은 하나의 쌍무적 무역에서 발생한 자산으로 다른 쌍무 계약에서 생긴 부채를 상환할 수 있게 하는 것이었다. 이 협약은 두 범주의 지불 체계를 운영하였다. '제1범주 지불'(first category compensations)은 자동적으로 작동되는 반면 '제2범주 지불'에 대해서는 각국이 거부권을 행사할 수 있었다. 제1범주 지불에서는 각 쌍무 계약 당사자가 자기네 부채를 다른 나라에 대한 순 채권채무 상태를 통해 결제하였다. 첫 나라가 상대국에 대한 새로운 채무를 발생시키지 않는 한, 한 나라에 대한 흑자로서 다른 나라에 진 부채를 갚을 수 있었다. 제2범주 지불은 통화 잔고(부채)의 증가를 수반한 것으로서 모든 관련 당사국들의 동의를 얻어야 하였다(Kaplan and Schleiminger 1989: 23-27).

이 협약은 채권자가 채무자를 신용도에 따라 선택하지 못하게 하는 효과를 가졌다. 이에 더해 금이나 달러 지불이 임박해진 나라는 자기네 부채를 더욱 장기간에 걸쳐 재조정함으로써 채권국으로의 달러 유출을 감축시키도록 허용되었다. 이 체제 하에서 1947년 12월 말 쌍무적 부채의 잔고는 7억 6,210만 달러였으나 청산은 170만 달러에 그쳤다. 이것은 총액의 2%에 불과하였다. 1차 협약 기간을 통틀어(1947. 11-1948. 10) 500만 달러의 제1범주 지불이 상쇄되었다. 일반적으로 준비금을 상대적으로 많이 보유한 흑자국은 청산에 소극적이었다. 궁극적으로 경화 지불을 기대하였기 때문이다. 또한 어떤 나라들은 모든 나라에 대해 채권국이었고, 다른 나라들은 순채무국이었다. 이러한 종류의 순 부채가 약 4억 달러에 달하였다. 더욱이 프랑스, 이탈리아, 베네룩스 3국, 그리고 나중에는 독일의 영미 점령 지역(Bi-zone)만 제1범주 지불에 동의하였고, 나머지는 '수시' 회원국으로서 자동 조정에 동참하지 않았다.

1948년 10월에는 모든 OEEC 회원국이 다자 간 부채 청산에 합의하였다(Agreement for Intra-European Payments and Compensations: AIEPC). 이는 EPU 출범 때(1950. 7)까지 운영되었다. 같은 시기에 '인출권'(drawing rights) 시스템이 도입되었다. 적자 규모가 예측되면 영국, 이탈리아 등 흑자국이 그리스, 네덜란드 등 적자국에 공여를 제공하였다. 그 대신 미국에게서 '조건부 원조'를 얻었다. 마셜 플랜의 조건부 원조는 유럽의 달러 부족 현상을 극복하는 데 추가적인 도움을 주었다. 유럽 내 무역 불균형 총액의 약 3분의 1이 이렇게 조달되었다. 그러나 적자 규모의 예측과 인출권의 배분에서 비효율과 시행착오가 만연하였다. 그리고 기본적으로 무역의 쌍무적 성격을 영속화하는 경향이 있었다. 또한 인출권을 이용한 수입은 무료이므로 무역 적자를 줄이려는 유인을 감소시킨 효과를 낳았다. 인출권의 배분도 비합리적이었다. 이 시스템은 오스트리아의 순 적자를 97% 해결하였으나, 노르웨이는 적자의 44%, 포르투갈은 10% 해결에 머물렀다. 영국이 제공한 인출권은 흑자의 18배나 되었다. 적자국인 서독은 나머지 다른 나라에게 인출권을 제공하였고, 프랑스는 유럽 내 무역에서 흑자였는데도 인출권 총액의 3분의 2를 할당 받았다

(Eichengreen, 1993: 22-23).

1947년의 1차 협약도, 1948년의 AIEPC도 유럽의 지불 문제를 해결하지 못하였다. AIPEC은 1차 협약과 마찬가지로 부정적 유인을 낳았으며 수많은(5개국에 105건의) 쌍무적 무역 협정과 직접적으로 연결되어 있었다. 이와 같은 쌍무적 협정은 수많은 종류의 왜곡을 가져왔다. 예를 들어, 가끔 사치품처럼 흔히 교역되지 않는 재화가 다른 상품의 교역 계약에 '끼워팔기'(tie-in) 식으로 첨부되었다. 전후 시기에 고가의 직물, 화장품, 향수, 보석, 고급 식품과 포도주, 심지어는 진공소제기 등이 광범위하게 거래되었다. 물론 이러한 상황에서는 태환성을 유지하기도 매우 힘들었다. 예컨대, 한 나라가 통화의 태환성을 제한하지 않았다면 다른 나라들은 규제를 조작하여 흑자를 발생시킴으로써 달러를 획득할 수 있었다. 스위스가 이러한 문제에 봉착하였고, 통화를 자국민과 기타 다른 경화 국가에만 태환하는 방식으로 대응하였다(Barbezat 1997: 36).

이와 같은 문제점을 극복하기 위해, 그리고 미국의 압력에 따라, 1950년 9월 OEEC 회원국들은 유럽지불동맹(EPU)을 결성하였다. EPU의 출범을 위해 당장 운영 자금이 필요하였다. 미국은 3억 5,000만 달러를 제공하여 이 중 7,840만 달러는 '구조적' 문제를 가진 나라에 원조하였으며, EPU의 초기 자본은 2억 7,160만 달러로 시작하였다.

EPU는 다른 나라에 대한 채권채무 관계에 따라 각국의 지위를 결정하였고 일관된 공식에 따라 금/달러 지불을 배분하였다. 부채는 일정 '쿼터'까지 일부는 자국 통화로, 일부는 경화로서 이동률(sliding scale) 방식으로 중앙은행이 지불할 것이었다. 그 이후의 지불은 별도의 합의가 없는 한, 전적으로 달러 또는 금으로 이루어졌다. 쿼터는 총 39억 5,000만 달러에 이르렀고, 각국의 지불은 상품 교역액수의 15%를 기준으로 계산되었다. 총액 중 각국 쿼터의 비중은 영국 27%, 프랑스 13%, 벨기에-룩셈부르크 9%, 네덜란드 8%, 서독 8%였다. 쿼터 한계에 도달할 때까지 매 20%마다 채무국은 더 많은 부분을 경화로 지불하게 되었다. 각국이 쿼터 한도에 도달하였을 시점에는 40%를 금으로, 60%를 자국 화폐로 지불하였을 것이다. 극심한 위기 상황에서는 지불 요건을 쌍무적으로 재협상할 수 있었다. 이 응급 조항은 순조롭게 작동하였고 일시적 불균형을 극복하는 데 도움이 되었다. 금 지불 의무의 체증 체계는 초기의 지불 협약들이 가졌던 부정적 유인을 역전시켰다. 적자국에서 금이나 달러의 유출은 만성적 적자를 치유하도록 강제하였으며 흑자국에서 연화(軟貨) 준비의 누적은 흑자를 줄이도록 유도하였다. 40 대 60의 비율은 나중에 변경되었다. 이것이 채무국에게 지나치게 관대한 것으로, 시스템이 편향되게 운영되는 것으로 여겨졌기 때문이다(Barbezat 1997: 37).

EPU는 1950년 이전의 제한적 쌍무 계약과 무역 장벽에서 탈피하여 유지 가능한 다자 간 지불 시스템을 건설하는 잠정적 방편으로서 대성공이었다. EPU나 그와 유사한 메커니즘이 없었다면 OEEC 회원국들은 국제 결제를 원만하게 해결하지 못하였을 것이다. 또한 마셜 플랜이 착수 기금을 제공하지 않았다면 EPU의 결성은 극히 어려웠을 것이다. EPU가 없었다면 긴요한 수입을 위해 경화를 아껴야 했을 것이므로 계속 무역 및 외환 통제가 있었을 것이다. 지불이 제한되는 한, 아무리 OEEC가 무역 자유화 계획을 세우고 실행시켜도 무역을 자극하지 못하였을 것이다. EPU는 유럽을 달러나 스털링 지역에서 분리시키지 않으면서 유럽 내 무역이 팽창할 수 있게 해 주었다.

더 큰 그림 안에서 보면 EPU의 역할이 부각된다. 전후 브레튼우즈 체제로 국제 통화 질서를 재편하려는 노력은 유럽의 달러 부족 현상 때문에 난관에 봉착하였다. 미국에게서 37억 5,000만 달러의 대부를 얻는 조건으로 파운드 스털링이 1947년 7월 15일 태환성을 회복한다(1파운드=4.03달러). 그러나 영국은 파운드화 가치를 유지하는 데 실패하여 같은 해 8월 20일 태환을 정지하였다.[17] 1949년 9월 18일에는 영국을 비롯하여 프랑스, 서독, 이탈리아 등 유럽 각국이 평가절하를 단행할 수밖에 없었다. 결국 유럽은 수입 규제와 긴축 정책을 통해 국제 수지 문제를 해결해야 하였다. 경상계정 태환은 1958년에 재개된다. 즉, 유럽과 일본의 경제 성장을 통해 달러 갭이 해소될 때까지 기다려야 하였던 것이다. EPU는 경상거래 제한을 철폐하고 태환의 회복을 달성하려는 '지역적 브레튼우즈' 체제였다고 할 수 있다. 이들의 청산 지불 책임은 국제결제은행(Bank for

17) "브레튼우즈 체제가 1944년에 조망한 대로 작동한 적이 있었다고 하더라도, 유럽에서는 1947년에 이미 종료하였다"(Milward 1984: 44).

International Settlements: BIS)에 있었고, IMF 규약에서 벗어나 있을 수 있었다. IMF가 과도기적 예외로 인정한 EPU는 결국 유럽 내 생산, 무역 신장, 금융 안정 등에 기여함으로써 태환 정착에 일조한 것이다(Eichengreen 1996a: 102-114).

더 우월한 즉각적 태환 회복을 유예하고 EPU의 길로 우회한 까닭에는 다른 설명도 있다. 즉, EPU가 유럽의 교역 조건을 호전시킴으로써 생활 수준을 향상시켰고, 이것이 분배를 둘러싼 사회적 갈등을 완화하고 사회경제적 안정을 가져왔다. 전후 정착의 핵심인 '사회적 시장경제'의 부수물로서 EPU는 국내 분배 계약을 '고착'시킨 제도적 장치였다는 것이다(Eichengreen 1993: 5, ch. 5; Eichengreen 1995: 187-191).

4. 유럽 통합

전후 정착은 국제적으로 볼 때 무역 확대와 유럽 통합의 추진에 관련되어 있다. 한 나라가 경제 구조를 수출 주도형으로 전환하기 위해서는 이웃 나라들도 똑같은 목표에 매진하고 있다는 믿음이 필요하다. 여기에 ERP의 지원을 받은 OEEC와 EPU가 무역과 경제 통합 실행에 신뢰성을 부여하는 제도적 퇴출 장벽(exit barrier)으로 작용하였다.

유럽 통합을 위한 협력이 자동적으로 성취된 것은 아니었다. 영국은 영연방을 유지하면서 독자적인 정책을 추구하려 하였다. 프랑스는 독일과의 반목에 부가하여 계획경제(dirgiste) 정책을 선호하였다(예를 들어, Monnet plan). 반면 미국은 서독 경제를 빨리 재건하여 냉전의 선봉으로 삼으려고 노력하였다. 이들의 타협으로 나타난 것이 마셜 원조의 지지를 받은 EPU 설립이다.[18)]

또한 마셜 원조 수혜 16개국은 하나같이 독특하고 다양한 나라들이다. 이들은 마셜 계획의 정책 목표에 따라 회동하여 온갖 우여곡절과 갈등을 겪었으나 결국 집단적 목표를 위한 미국의 공동 정책에 참여하였다. 마셜 원조는, 첫째 개별 국가의 경제를 근린궁핍화가 없이 협조적으로 재건하려는 시도였다. 우선 고립되고 침체된 국가에서 공산주의가 싹틀 우려가 있기 때문이었다. 프랑스, 이탈리아, 그리스, 독일이 이러한 위험국에 속한다. 또한 미국의 수출 시장으로서 독일, 프랑스, 영국, 베네룩스 3국의 경제가 중요하였다. 둘째, 소련을 제어하기 위해 지정학적으로 필요한 나라들이 있다. 즉, 터키, 그리스, 아일랜드, 아이슬란드, 노르웨이, 스웨덴(핀란드는 소련의 압력으로 참여하지 못하였다) 등이 그들이다. 영국도 이런 범주에 속한다고 할 수 있다. 셋째, 유럽 통합의 추진을 위해 스위스, 포르투갈, 덴마크, 오스트리아를 포함시켰다. 통합된 유럽은 소련의 팽창에 강력한 장벽 역할을 할 것이었고, 미국은 자유민주주의, 자본주의 세계를 극대화하고자 하였다. 물론 유럽 국가들이 모두 이러한 미국의 의도에 찬동한 것은 아니었고, 나라마다 이해득실을

18) 이것은 한편으로는 IMF의 긴축 일변도 정책 권고에서 서유럽을 '구해 준' 의미가 있다(Esposito 1995: 86).

계산하여 각기 마셜 플랜에 대응하였다. 유럽 통합에 관한 미국의 제안으로 유럽은 이에 대한 찬반 양 진영으로 나뉘었다. 찬성한 나라는 이탈리아, 프랑스, 베네룩스 3국, 서독 등이고, 반대한 나라는 영국, 스위스, 스칸디나비아 제국 등이다(Burk 2001: 270-273). 여기서 유럽경제공동체(EEC)의 초기 6개 회원국이 뚜렷이 보인다. EEC는 유럽석탄철강공동체(ECSC)의 후신이라기보다 마셜 플랜과 연관된 무역 및 금융 자유화를 배경으로 등장한 것이라고 할 수 있다.[19)]

OEEC와 EPU의 기여는 통화의 불태환과 지역적 지불 장치 운영에 따른 자원 배분의 왜곡에 따라 평가되어야 할 것이다. 즉, EPU가 무역과 가격의 왜곡을 가져오고 외자 도입을 저해하였는가? 아이켄그린(Eichengreen 1993: ch. 6; Eichengreen 1995: 182-187)은 무역 창출과 무역 전환 효과, EPU 국가들과 다른 지역 나라들 간에 보이는 상대 가격 구조의 차이, 해외 자본 접근 가능성의 정도를 분석하여 무역, 상대 가격, 자본 시장 왜곡의 증거가 없다고 밝혔다. 그는 지불 동맹이 흔히 수반하기 마련인 왜곡을 성공적으로 최소화한 EPU의 특성을 부각시키고자 하였다. 유럽 제품이 가진 경쟁력과 높은 수준의 유럽 내 무역으로 무역 전환과 상대 가격 왜곡에서 올 손실이 극소화되었다. 미국의 원조와 투자가 어차피 해외에서 유럽에 포트폴리오 투자에 필요한 액수를 감소시켰으므로 태환을 선택하였을 경우에

19) Gillingham(1995: 151-167)은 ECSC가 경제 협력 측면에서는 비효율적일 뿐 아니라 유명무실하였으며, 유럽 통합에 기여한 바가 있다면 프랑스의 대독 정책을 누그러뜨린 데서 찾아야 한다고 주장하였다. 이 주장의 현대적 의미는 Gillingham(2003)에서 찾을 수 있다. 또한 Milward(2000: ch. 4) 참조.

도 해외 투자 유입의 급증이 기대되지 않았을 것이다. 이러한 의미에서 EPU는 지역주의의 폐해를 최소화하였다(양동휴 2004 참조).

III 마셜 플랜과 서독의 재건

서독은 마셜 플랜의 성과를 연구하기에 좋은 사례이다. 기존 연구의 양이 많고, 가설들이 구체적으로 정립되었으며, 무엇보다도 마셜 플랜이 서유럽과 동유럽의 분리를 고착시켜 독일을 분단시켰기 때문이다. 미국이 서독을 유럽 부흥의 중심축으로 삼고자 하였던 의도는 상세히 기술되었다. 미국의 서독에 대한 원조는 ERP뿐 아니라 점령 지역 관리 및 구호 자금(GARIOA), 그리고 ERP가 1951년 종료된 후 바로 뒤를 이은 상호안전계획(MSP) 원조가 포함되며(〈표 1-7〉[20] 참조) 이들이 독일 경제의 기적(Wirtschaftswunder)에 결정적인 역할을 하였다는 가설에 대한 논의가 많다.

1948년 4월에 제출된 서독의 재건 계획은 생산 목표의 우선순위를 식품과 기타 소비재에 두었다. 이는 노동 의욕을 고취시키고 생산성을 향상시키는 데 중요하였다. 또한 통화 개혁과 무역 자유화 프로그램의 성공을 위해서도 필요하였다. 다음 순서는 석탄과 철강

20) 〈표 1-7〉의 표본인 Berger and Ritschl(1995: 206), 〈Table 8.1〉은 Buccheim(1990: 72, 185, 186)을 인용할 때 옮겨 적거나 합산하는 과정에서 오류를 많이 범하였다.

〈표 1-7〉 서독에 대한 외국의 원조, 1945-1952

(단위: 백만 달러)

	1945/6	1947	1948	1949	1950	1951	1952	1945-52
1 민간 공급	195							195
2 GARIOA	78	237	788	503	177	12	0	1,795
3 ERP 등			142	420	303	416	114	1,395
I 미국 원조 합계	273	237	930	923	480	428	114	3,385
4 영국의 기여	264	317	90	32	1			704
II 해외 원조 합계	537	554	1,020	955	481	428	114	4,089
5 경상수지	52	179	295	-147	-77	592	649	
6 수입(cif)		867	1,587	2,237	2,703	3,503	3,854	
7 총고정 투자에 비한 ERP 대충자금 비중(%)				5.8	7.8	4.1	2.1	

자료: 1, 2, 3, 4 Buchheim(1990: 72).
5 Buchheim(1990: 185).
6 Buchheim(1990: 186).
7 Baumgart(1961: 47).

생산, 교통 시스템의 발전, 에너지 공급이었다. 소비재 생산은 당시 전쟁 전 수준의 10-20%에서 35%로 높일 계획이었으며, 강철 생산은 1947년 300만 톤에서 1948년에는 600만 톤으로 배증될 것이었다. 농업 생산은 1938년 수치의 80%까지 높일 예정이었다. 수입 계획은 식품과 원자재에 강조점을 두었다. 식품은 계획된 수입 총액의 45%를, 원자재와 반제품이 16%, 소비재가 16%를 차지하였다. 투자재 수입은 계획된 총액의 7%에 불과하였는데 특정 애로 해결을 위한 교통 및 채광 장비가 대부분이었다. 수입 필요량은 21억 달러로 추산되었고, 수출 예상치는 7억 달러였으며, 적자는 GARIOA 자금과 새로운 ERP 원조로 보전할 계획이었다. 이와 같이 흔히 짐작하는 바와는 달리 마셜 플랜은 서독 경제 재건을 위한 투자재 수입 프로그램이 아니었다. 식품과 원자재 수입을 강조함으로써 재건 계획은 식품 및 원자재 수입, 공산품 수출이라는 독일의 전통적 무역 패턴을 확인하였다(Hardach 1987: 445-446).

경제 회복을 위한 잠재력은 1948년 초의 혼란스러운 상황이 시사한 정도보다 나았다. 자본 스톡은 1930년대 중엽보다 컸다. 1930년대 말과 전쟁 중 무기 생산 붐 기간의 투자가 매우 중요하여 전시 파괴와 감가상각을 제하여도 순 증가분을 남긴 것이다. 1945년 영미 점령 지역의 총자본 스톡은 불변가격으로 1936년보다 20% 정도 높았던 것으로 추계되었다. 1945년부터 1948년까지는 새로운 투자가 거의 없는 가운데 감가상각과 산업 장비 철거의 결합 효과로 순 감소가 있었지만, 그래도 1948년의 불변가격 자본 스톡은 1936년보다 10% 높은 수준을 유지하였다. 서독의 전후 경제에서 또 하나의 자산은 양질의 미취업 노동력이었다. 몇백만이 일자리를 찾고 있었고, 동독에서 탈출한 인구가 이에 가세하였다(Abelshauser 1975: 102, 114-126).[21] 따라서 주요 문제는 자본 부족이 아니라 노동과 자본의 낮은 가동률이었다. 한편, 투자는 ERP와 간접적으로 연결되어 있었다. 독일의 수입업자들은 수입 대금을 마르크화(DM)로 지불하였으

21) Bi-zone의 자본 스톡 추계는 〈표 1-10〉과 같다.

며 이에 따라오는 ERP 대충자금(counterpart funds)이 투자를 위해 적립되었다.

ERP는 1948년 4월부터 6월까지의 임시적 "90일 회복 계획"으로 시작하여, 1948년 7월부터 1949년 6월에 이르는 정규적 1차년도로 이어졌다. 15개월 동안 미국은 OEEC가 요청했던 액수보다 약간 적은 60억 달러를 제공하였고 서독은 6억 1,400만 달러를 배분 받았다. 관료주의적 행정의 비효율 때문에 수입 물품의 실제 도착은 오래 지연되었다. 1948년 4월부터 12월까지 영미 점령 지역(Bi-zone)의 계획된 수입은 3억 6,100만 달러였다. ECA는 이 중 3억 2,800만 달러(91%)를 승인하였고 2억 4,400만 달러(68%)어치를 구매 계약하였다. 실제 독일에 도착한 수입품은 9,900만 달러(28%)에 불과하였다. 식품 수입이 강조되어 곡물, 밀가루, 육류, 유지, 땅콩, 야채와 과일을 들여왔고, 직물 산업을 위한 원면 등 산업 원자재가 수입되었다. 1948년의 총 ERP 수입은 식품 78%, 원자재 20%, 공산품 2%였다.

ERP 수입은 1948년 영미 점령 지역의 총수입 14억 달러의 7%를 차지하였으며, GARIOA 수입이 50%였고, 나머지 43%의 수입 자금은 수출 대금으로 조달하였다. 정규적 1차 ERP 연도 1948-1949의 총수입은 17억 2,300만 달러, 수출은 8억 6,200만 달러였다. 또한 ERP 수입은 1949년 초 행정 효율이 향상됨에 따라 3억 1,000만 달러에 달하였고 GARIOA 수입은 5억 7,900만 달러였다. 즉, 1차 ERP 연도 영미 점령 지역의 수입은 약 33%가 GARIOA 원조로, 17%가 ERP 원조로, 그리고 50%는 수출 대금으로 조달된 것이다(Hardach 1987: 454-458).

초기의 재건 계획은 마셜 플랜과 통화 개혁, 자유시장 정책의 밀접한 관련을 강조하였다. 그러나 마셜 플랜의 실행이 지연됨에 따라 실제로 통화 개혁이나 자유시장 정책에 마셜 플랜이 직접적으로 기여한 바는 거의 없다. 통화 개혁은 1948년 6월 서독 3개 점령 지역에 단행되었고, 영미 지역에서는 포괄적인 자유화 프로그램과 결합되었다. 배급제와 대부분의 가격 통제가 철폐되었으나 임금 통제는 1948년 11월까지 유지되었다. 개혁은 1948년 후반기에 짧은 인플레이션을 유발하였다. 실질임금이 하락하자 노동계는 에르하르트(Ludwig Erhard) 경제장관의 새로운 경제 정책에 반발하여 11월 총파업에 돌입하였다. 중앙은행(Bank deutscher Länder)의 긴축 정책에 힘입어 물가는 안정되었으나 1949년 초 대규모 실업 사태를 불러왔다. 이에 3월부터 정책 기조는 팽창 쪽으로 변하였다(Hardach 1987: 456).

1948년에 유럽 내 인출권(drawing rights) 시스템이 도입되자 서독은 당시 적자국이었는데도 프랑스, 오스트리아, 네덜란드 등에 인출권을 제공하였다. 이것은 ERP 조건부 원조를 이웃 나라에 이전하는 효과를 가졌으나 장기적으로 보아 수출 주도형 무역 패턴을 일찍 정착시키는 장점이 있었다.

2차 ERP 연도에는 미국의 원조가 줄어서 총액이 1948-1949년에 60억 달러에서 1949-1950년에 35억 달러가 되었다. 서독의 지분도 줄어 1949-1950년에는 2억 8,500만 달러가 제공되었다. 이에 더하여 1억 9,800만 달러가 GARIOA 원조로 들어왔는데, 이는 1950년 3월에 종료되었다. GARIOA 자금 잔여분 1억 7,200만 달러가 ECA로 이전되어 결국 1949-1950년에 서독에 제공된 외국 원조는 6억 5,500만 달러였다. GARIOA 수입은 주로 식료품이었다. 서독 산업이 부흥함에 따라 마셜 플랜 수입은 점차 식품에서 원자재 쪽으로 이동하였다. 1948-1949년에서 1949-1950년까지 ERP 수입에서 원자재가 차지하는 비중은 27%에서 37%로 증가하였다. 반면 식품 수입의 비중은 55%에서 42%로 감소하였다. 공산품의 수입은 아직 미미한 수준이었다.

서독의 수출액이 1948-1949년에 8억 6,200만 달러에서 1949-1950년에 13억 6,300만 달러로 급증하였다. 외국 원조의 상대적 중요성이 줄어들었다. 수출품도 석탄, 목재, 금속 조각 등에서 공산품으로 바뀌었다. 서독의 수출에서 공산품이 차지하는 비중은 1948년에 17%에서 1950년에 65%로 증가하였다. 수출 증가는 1949년 9월의 평가절하(1달러=3.33DM에서 1달러=4.20DM으로)와 미국으로의 수출 촉진 정책(dollar drive)에 힘입은 바 크다(Hardach 1987: 467-470).

마셜 원조에서 발생한 대충자금을 서독 당국이 국내 투자에 사용할 수 있게 되었으나 실적은 미미하였다. 투자에 쓰일 대충자금은 GARIOA 프로그램에서 먼저 방출되었고 1949년까지 대응 투자의 주요 재원으로 머물렀다. 본격적인 ERP 투자 계획은 1950년에야 승인되었다. 대충자금이 자본 형성에 기여한 정도는 ERP 2차년도에 정점에 달한다. 1949년 하반기에 순 고정자본 투자의 3.8%에서 1950년 상반기에 17.5%로 상승하였다. ERP 3차년도에 국내 자본 형성 속도가 커지자 대충자금의 기여도는 1950년 하반기에 12.8%, 1951년도 상반기에 5.0%로 낮아졌다. 이후의 대충자금 지출 승인은 방위 산업 위주였다. 1952년 하반기에 자본 형성 기여도는 3.3%이다(Bundesminister für den Marshallplan 1953: 26-27).

1950-1951년의 ERP 원조액은 전년도에 비해 32% 삭감된 24억 달러로 책정되었다. 3억 8,500만 달러를 할당 받은 서독은 삭감률이 15%로 다른 나라보다는 낮지만 GARIOA 원조가 1950년 3월에 종료되므로 타격이 컸다. 다행히 마셜 플랜 원조의 집행이 지연되면서 이월된 자금이 컸다. 그래서 ERP 3차년도의 총수입액은 4억 7,900만 달러에 달하였다. 원자재(41%), 식품(32%), 사료(9%)와 화물(6%)이 주요 항목이었다(Bundesminister für den Marshallplan 1953: 23, 158).

거시 정책은 다음과 같이 요약된다. 1948년 7월 통화 개혁 이후 인플레이션, 긴축 정책 등으로 1949년 초 실업 증가와 이에 따른 신용 완화, 1949년 9월 평가절하와 신용 제한, 1950년 한국전쟁의 여파로 수입 가격이 상승하고 물가가 불안하여 1952년 7월까지 신용 긴축, 신용 제한이 지속되었다. 그러나 영국보다 평가절하 폭이 낮았기 때문에 1950년 EPU 설립과 무역 자유화 움직임은 서독의 국제 수지 위기를 불러왔다. 결국 1951년 2월 서독은 무역 자유화를 중단하기에 이르렀다(Emmer 1955; Holtfrerich 1999).[22]

미국 원조의 성격이 1951년 경제 재건에서 군사적 전략적인 것으로 바뀌었다. ERP는 종료하고 이월분의 처리는 1952년까지 MSA가 맡게 되었다. 1951-1952년의 ERP 총원조액은 15억 달러였다. 서독

22) 부록 〈표 A-3〉은 1950-1954년간 분기별, 지역별 국제 수지를 보여 준다(Bank deutscher Länder 1955: 256-259).

〈표 1-8〉 서독의 대외 무역, 1948-1952(10억 달러)

ERP 연도	수입	수출	수출/수입(%)
1948-1949	1.9	1.0	51
1949-1950	2.3	1.4	59
1950-1951	3.2	2.8	85
1951-1952	3.7	3.8	103

주: 1948/49년은 프랑스 점령 지역 수치를 합하였음(Hardach 1994: 319 참조).
자료: Bundesminister für den Marshallplan(1953: 83).

은 1억 400만 달러를 지원 받았다. 이월된 구입 승인액을 합하여 1951-1952년의 ERP 수입액은 2억 1,000만 달러였다. 주요 품목은 원자재(31%), 식품(30%), 화물(12%)이었다. 어떤 척도로 보더라도 4차년도에 오면 마셜 플랜이 서독에서 성공적이었음을 알 수 있다. 종전 후 처음으로 무역 수지가 흑자를 기록하였다(〈표 1-8〉 참조). 이것은 대미 적자를 유럽 내 흑자로 보전하였음을 의미하여 장기 계획이 실현되었음을 보인다. 생산에서도 1952-1953년 목표치를 1951-1952년에 조기 달성하였다. 산업 생산은 1936년의 139%, 불변가격 GNP는 137% 수준에 달하였고, 농업 생산은 1933-1939년 평균의 111%를 기록하였다(Bundesminister für den Marshallplan 1953: 23, 54, 82-86, 209).[23]

ERP는 1952년 6월에 공식적으로 종료되었다. 그러나 미국은 마지막으로 1952년 하반기용 5억 4,100만 달러를 내놓았다. 그중 서독

23) 기준 연도를 1938년으로 고치고 인구 증가를 감안한다면 결론은 약간 달라진다. 1938년의 불변가격 1인당 소득은 1953년에야 달성되는 것이다. 또한 평균 실업자 수는 1952년에 줄어들었지만 여전히 140만 명이나 되었다(Bundesminister für den Marshallplan 1953: 89).

의 몫은 2,400만 달러였다. 이월된 구입 승인을 합하여 1952년 7월부터 12월까지 ERP 수입액은 6,700만 달러에 달하였다. 이것으로 서독은 마셜 플랜 할당액을 거의 소진하였다. 1948년 4월부터 1952년 12월까지 배분된 자금의 98%를 수입에 사용하였다. 1952년 하반기 ERP 수입의 구성은 전년도와 비슷하여 원자재(30%), 식품(36%), 화물(5%)을 강조하였다(Bundesminister für den Marshallplan 1953: 23, 158).[24)]

총액으로 보아도, 또 경제적 효과로 보아도, 종전 초기에 제공된 GARIOA 원조가 ERP 원조보다 중요해 보인다. 그러나 마셜 플랜은 미국의 해외 원조 목표가 '구호'에서 '회복'으로 바뀌었음을 상징한다. 수입 구성을 살펴보면 이것이 자명하다. 1946년에서 1950년까지 GARIOA 수입의 72%가 식품이었다. ERP 수입은 초기에 식품 위주에서 점차 산업 원자재로 비중을 옮겨 갔다. 1948년에서 1952년까지 ERP 수입의 구성은 농산물(식품, 사료, 종자, 비료) 44%, 원자재 39%, 화물 8%, 연료 4%, 기계와 자동차 2%였다(부록 〈표 A-1〉 참조).

서독의 자본 형성에 해외 원조가 기여한 정도는 초기의 기대에 못 미쳤다. 1948-1952년 말에 대충자금으로 이루어진 투자는 총 57억 900만 마르크(DM)였다. 이 중 16억 300만 마르크는 GARIOA 자금에서, 38억 2,300만 마르크는 ERP 자금에서 조달되었다. 그리고 2억 5,300만 마르크는 재투자된 이자와 재지불이었다. 투자는 석탄, 전

24) 1948년 4월부터 1952년 12월까지 서독의 ERP 수입 구성은 부록 〈표 A-1〉에 표시하였다. 이와 함께 대충자금 지출 구성은 〈표 A-2〉에 제시하였다(Bundesminister für den Marshallplan 1953: 156, 201).

기, 교통 등 몇몇 부문에 집중되었다. 그리고 마셜 플랜은 식품과 원자재 수입을 허용함으로써 독일의 전통적 생산 및 무역 패턴을 일찍 회복하는 데 큰 도움을 주었다(Bundesminister für den Marshallplan 1953: 23-24, 209-210).

1. 서독 마셜 플랜의 평가

종전 직후, 즉 1945-1947년의 유럽 지역을 괴롭힌 세 가지 위기를 극복하는 데 마셜 플랜은 직접, 간접적으로 기여하였다. 그 하나는 세계의 권력 균형에서 영국의 제국적 역할에 관한 것이다. 승전과 무역 패턴, 자치령(Commonwealth) 및 스털링 지역에 관련된 이권과 의무 등으로 인하여 영국의 위상은 유럽 대륙 국가와 달랐다. 이것은 결국 유럽 통합 움직임에 제동 세력으로 작용한다. 또한 영국은 미국과의 관계의 특수성 때문에 결국 대서양, 유럽, 자치령 세 가지 고리의 교차점에서 곡예를 해야 하였다. 그러나 소련의 영향권 확대를 방지하고자 하는 미영 공동 노력의 비용을 분담할 능력이 영국에는 없었다. 1947년에 영국은 태환 재개의 실패로 큰 타격을 입었고, 마셜 원조를 자치령 부채 해결에 사용하는 문제로 ECA와 갈등을 빚기도 하였다.[25)]

또 하나는 프랑스와 이탈리아(또, 벨기에)의 국내 사회 안정 문

25) 이것이 Hogan(1987)의 기본 시각이다(Diebold 1988: 423-424 참조).

제이다. 1947년 경기가 급속히 나빠지면서 좌익 세력의 임금 동결과 석탄가 인상에 대한 반대 투쟁이 격렬하였다. 이런 상황에서 마셜 원조가 돌파구를 제공하였으며 특히 석탄이 중요하였다.[26]

이들보다 중요성이 뒤지지 않는 것이 바로 '독일 문제'였다. 종전 직후 유럽 대륙에는 바르샤바 봉기, 그리스 내전, 루마니아 정부 구성 등 긴급한 현안이 산적해 있었지만, 독일의 경제와 독일인들의 사기를 회복시키는 것이 급선무였다. 초기의 적대적 대응, 즉 독일의 생산 활동을 1938년 수준으로 제한하기 위해 각 산업마다 일정 한도(Level of Industry: LOI)를 결정하고 이 수준보다 높다고 판단되는 '과잉 설비'를 해체하여 배상금 형태로 몰수하는 계획이 시행되었다. 이는 온갖 혼란을 야기하였다. 자본 설비를 수거하는 대신 농산물을 지급한다는 협약은 소련이나 프랑스 점령 지역에서 지켜지지 않았다. 네 강대국의 협력이 무산되어 배상금 문제를 교착 상태로 내몰았다. 이런 와중에서 시작된 마셜 플랜은 독일을 재건하여 이를 발판으로 서유럽의 정치경제를 회복시키자는, 일종의 정책 대변환이었다.

마셜 원조에 대한 전통적 해석은 서유럽을 빈곤과 전체주의에서 구출하였다는 것이다. 여기에 독일을 분단시켜 서독을 서유럽 경제와 통합시키고 공산품 수출국으로 육성한 '경제 기적'(Wirtschaftswunder)을 이루었다는 긍정적 평가를 내렸다. 한편, 서독에

26) 앞 장에서 살펴본 바와 같다(Esposito 1994 참조).

서의 마셜 플랜에 대한 수정주의적 해석은 마셜 원조나 통화 개혁의 효과를 폄하한다. ERP나 DM(Deutsche Mark) 이전에, 즉 마셜 원조 수입품이 서독에 도착하기 시작한 1948년 말이나 1948년 6월의 통화 개혁보다 훨씬 이른 1947년 중엽에, 서독은 이미 경제가 회복되는 궤도에 들었다고 본다. 그들은 이러한 서독의 경제 회복을 다른 요인으로, 예를 들어 '따라잡기'(catch-up) 가설로 설명하고자 한다. 또한 대충자금이 총고정자본 형성에서 차지하는 비중도 낮았다(〈표 1-7〉 참조). 수정주의에 반발하는 해석도 있다. 원조품의 실제 도착 시기보다 원조 계획 발표의 기대 부양 효과에 주목하였다. 원조 액수 자체보다 의류, 전기 등 특정 부분의 애로 제거가 전략적으로 중요하였음을 부각시킨다. 이들의 시각에는 한편은 거시적이고, 다른 한편은 미시적이라는 차이가 있다. 그러나 더욱 중요한 것은 각 주장이 평가의 준거로 삼는 반사실적 모델(counterfactual model)이 서로 다르다는 점이다. 특정 부문의 애로가 제거되지 않았을 경우의 침체, 마셜 원조가 없었더라도 다가왔을 성공, 이러한 반사실적 가설이 얼마나 합리적인가에 따라 논의의 향방이 결정될 것이다(Maier 1991: 363-364; Maier and Bischof 1991: ch. 1).

마셜 원조 시작 전에도 미국과 영국의 원조, 미국 군정청의 우호적 정책으로 독일 경제는 서서히 회복되고 있었다. 그러나 1946년 말 경제 회복은 중단되었고, 미국이 점령한 지역의 산업 생산은 군정 시작 후 처음으로 하락하였다. 계절적 요인도 있었겠지만 회복 과정이 난관에 봉착했음이 분명하였다(〈표 1-9〉 참조). 교통망을 신

〈표 1-9〉 독일 점령 지역의 산업 생산, 1945-1949(1936=100)

<table>
<tr><th>연도/분기</th><th>미국 지역</th><th>영국 지역</th><th>프랑스 지역</th><th>소련 지역</th></tr>
<tr><td>1945</td><td></td><td></td><td></td><td></td></tr>
<tr><td>Ⅲ</td><td>12</td><td>15</td><td></td><td></td></tr>
<tr><td>Ⅳ</td><td>19</td><td>22</td><td></td><td>22</td></tr>
<tr><td>1946</td><td>41</td><td>34</td><td>36</td><td>44</td></tr>
<tr><td>Ⅰ</td><td>31</td><td>30</td><td>32</td><td>39</td></tr>
<tr><td>Ⅱ</td><td>37</td><td>33</td><td>36</td><td>40</td></tr>
<tr><td>Ⅲ</td><td>46</td><td>37</td><td>38</td><td>47</td></tr>
<tr><td>Ⅳ</td><td>50</td><td>37</td><td>38</td><td>50</td></tr>
<tr><td>1947</td><td colspan="2">44</td><td>45</td><td>54</td></tr>
<tr><td>Ⅰ</td><td colspan="2">34</td><td>39</td><td>41</td></tr>
<tr><td>Ⅱ</td><td colspan="2">44</td><td>46</td><td>48</td></tr>
<tr><td>Ⅲ</td><td colspan="2">46</td><td>48</td><td></td></tr>
<tr><td>Ⅳ</td><td colspan="2">50</td><td>48</td><td></td></tr>
<tr><td>1948</td><td colspan="2">63</td><td>58</td><td>60</td></tr>
<tr><td>Ⅰ</td><td colspan="2">54</td><td>50</td><td></td></tr>
<tr><td>Ⅱ</td><td colspan="2">57</td><td>54</td><td></td></tr>
<tr><td>Ⅲ</td><td colspan="2">65</td><td>61</td><td></td></tr>
<tr><td>Ⅳ</td><td colspan="2">79</td><td>67</td><td></td></tr>
<tr><td>1949</td><td colspan="2">86</td><td>78</td><td>68</td></tr>
</table>

자료: Abelshauser(1991: 375).

뢰할 수 없었고, 식품 공급 상황이 심각하여 루르 지방에서는 시위, 무질서, 파업이 성행하는 등, 석탄 생산을 위협하였다. 미국은 독일의 산업 부흥을 강력히 촉진하기로 정책 방향을 굳히게 되었다.

〈표 1-10〉 영미 점령 지역의 총산업 고정자산, 1936-1948(1936=100)

총고정자산 1936(1936 불변가격)	100
총산업 투자 1936-1945(1936 자산의 %)	+75.3
감가상각(1936 자산의 %)	-37.2
전시 파괴(1936 자산의 %)	-17.4
총고정자산 1945	120.6
총산업 투자 1946-1948(1936 자산의 %)	+8.7
감가상각 1946-1948(1936 자산의 %)	-11.5
반환 1945-1948(1936 자산의 %)	-2.4
해체 1945-1948(1936 자산의 %)	-4.4
총고정자산 1948	111.1

자료: Abelshauser(1991: 376).

앞에서 말하였듯이, 전시 파괴에도 불구하고 독일은 잠재생산력, 자본 스톡, 노동력 등이 건전한 수준이었다. 미국 군정 당국자들은 오래 전에 이를 알고 있었다. 그러나 회복에 제동을 거는 요인도 많았다. LOI 계획에 따라 배상금 명목으로 분해 수거하기 위한 제조업 공장의 목록이 작성되었다. 또한 '불법 취득 자산의 제거'를 위한 '반환'(restitution)도 자본 스톡의 감소를 초래하였다. 〈표 1-10〉에서 알 수 있듯이 자본 스톡의 파괴, 몰수나 해체의 효과를 감안해도 1948년의 생산 능력은 1936년 수준을 10% 정도 상향하고 있었다.

이에 비해 배상금 명목으로 행해지는 원자재 강제 수출은 서독 경제 회복에 실질적인 타격을 가하였다. 종전 후 3년 동안 수출과 수입은 연합군의 통제 하에 있었고 정부 차원에서만 이루어졌다. 서독의 수입은 세계 시장 가격에 따라 달러로 지불하게 규제되었으므로 달러가 부족한 이웃 나라들과 쌍무적 무역을 수행할 수 없었다. 오직 두 종류의 물자 이동만 가능하였다. 즉, GARIOA 원조를 통한 곡물 수입과 원자재 강제 수출의 형태를 띤 배상 지불이었다. 이는 공산품 중심의 서독 수출 구조를 단번에 왜곡시켰다. 전쟁 전의 수출 구성은 원자재 10%, 공산품 77%였던 반면, 1947년에는 원자재 64%, 공산품 11%로 급변하였다. 이 '수출'이 사실상 '숨겨진 배상'이었다는 것은 가격 자료에서 입증된다. 연합국 측은 스스로 구매한 석탄 가격을 톤당 10.5달러로 일방적으로 정하여 구매하였다. 당시 세계 시장 가격은 25 내지 30달러였다. 목재도 이와 비슷하게 세계 가격의 3분의 1 수준으로 수출되었다. 1945년 4월부터 1947년 중엽까지 금속 조각 약 300만 톤이 전리품 및 배상금 조로 몰수되었다. 이들은 시장 가격의 3분의 1 수준으로 처분되었다. 전기도 강제로 수출되었고 서독은 손해를 보았다. 이에 더해 점령 당국 경비를 위한 부과금, 독일인 소유의 특허나 생산 과정의 몰수 등이 있었다. 따라서 1948년 말 마셜 플랜 수입품이 도착하기 이전에 서독 경제의 재건 기반은 많은 부분 국내에 있었던 것이다. 1947-1948년에 서독이 스스로의 자원을 통제하고 해외 무역 상황이 호전되자 급속한 경제 성장이 예상되었다.

1946년 말-1947년 초의 위기 이후 군정청은 자원을 특정 애로 부분에 집중시켰다. 교통 인프라의 재건, 탄광의 광원 상여급 제도 도입, 주택 건설 계획의 중앙화, 영국 점령 지역 전기 생산 배증, 철강 공업에 필요한 석탄을 공급함으로써 철도와 주요 산업 시설에 원자재를 제공하게 하는 일 등에 우선순위가 주어졌다. 이와 같은 노력은 영미 점령 지역의 통합(Bi-zone)과 함께 추진되었다. 1947년 10월경이면 서독 경제가 외부의 도움 없이 지속적 생산 증가를 이룰 수 있는 궤도에 진입하였다(〈표 1-9〉 참조)(Abelshauser 1991: 373-383, 405-406).

서독에서 마셜 플랜의 도입을 환영하기만한 것은 아니었다. 군정 당국과 ECA의 행정적 갈등과 타협의 긴 이야기는 이 글의 범위를 벗어난다. 그러나 마셜 원조의 배분(〈표 1-1〉)만 보아도 ERP의 주요 목표가 서유럽 전체를 향한 것이지 서독의 경제 재건을 강조한 것이 아니었다. ERP는 서독의 재건을 서유럽 경제 부흥이라는 일반 목표에 밀접히 연결하였다. 초기부터 서독의 대유럽 수출을 추진함으로써, 즉 서유럽이 달러 지역에서 수입해야 할 재화(자본재)를 서독에서 수입하게 함으로써, ECA는 중요한 임무를 서독에 이전한 셈이다. 이에 대한 반대급부로서의 원조 배분은 상대적으로 작았다. 마셜 플랜 2차년도에 1인당 원조액은 프랑스 21.7달러, 오스트리아 36.2달러, 네덜란드 45달러인 반면 서독의 경우 GARIOA 원조를 포함하더라도 12달러에 그쳤다(또한 이 중 상당 부분을 서베를린으로 이전해야 하였다).

더욱이 ERP 수입품의 도착은 제한되었고 지연되었다. 원자재 수입이 본격적으로 시작된 1949년 초에 수입품 가격은 1마르크 = 30

센트의 환율 수준으로 높았다(식품 수입의 경우는 보조금이 주어졌다). 불경기가 겹쳐 ERP 수입품 배달의 행정적 미숙을 악화시켰다. 1948년 말부터 성장률이 반감하고 물가가 하락하고 실업률이 급등하였다(〈표 1-11〉 참조). 1949년 봄에는 오히려 집행되지 않은 ERP 배분이 골칫거리였다. 생고무와 타이어, 가죽, 철강, 동식물성 유지, 저품질 원면 등의 매출이 감소하는 곤란을 겪었다. 1949년 9월 평가절하에 이은 신용 제한, 엄격한 조세 징수, 국가 현금 보유의 일시적 증가 등이 몇몇 산업 부문의 구매력을 감소시킨 면도 있었다(Abelshauser 1991: 389, 392-395).

투자를 위해 사용할 수 있는 대충자금 계정에 대해서는 처음부터 그 목표와, 또 실제 집행에서 상당한 혼란이 있었다. 미국은 다른 나라와는 달리 서독에 대해 두 가지 요구 사항을 부과하였다. 첫째, 원조를 수출로 벌어들인 달러로 갚을 것, 둘째 대충자금 사용처의 결정권은 ECA에 있다는 것이었다. ERP 수혜국 가운데 노르웨이, 영국, 덴마크같이 자본 시장이 발달하고 독자적 신용 정책을 수행한 나라들은 대충자금 지출 승인에 연연하지 않았거나 대충자금을 공채 상환에 사용하였다. 그러나 자본 시장이 미성숙하였거나 은행 제도가 신용 정책을 전달하기에 미흡하였던 프랑스, 이탈리아, 서독에서는 대충자금 인출이 중요하였다. 서독은 대충자금이 사실상 '독일인의 저축'임을 강조하였다. 그래서 인프라 구축을 위한 장기 투자 조달을 위해 자금을 즉각 방출할 것을 미국에 요구하였다. 그러나 미국은 이를 물가 안정을 위한 기금으로 비축할 것을 고집하

〈표 1-11〉 서독의 분기별 경제 발전 지표, 1948-1953

연도/분기	산업생산지수 (1936=100)	고용 (백만 명)	실업률[1] (%)	공산품 가격지수 (1950=100)	생활비지수 (1950=100)	시간당 총임금지수[2] (1950=100)
1948						
II	57	13.5	3.2	92	98	77
III	65	13.5	5.5	99	104	84
IV	79	13.7	5.3	105	112	89
1949						
I	83	13.4	8.0	104	109	90
II	87	13.5	8.7	101	107	94
III	90	13.6	8.8	100	105	95
IV	100	13.6	10.3	100	105	95
1950						
I	96	13.3	12.2	99	101	97
II	107	13.8	10.0	97	98	98
III	118	14.3	8.2	99	99	100
IV	134	14.2	10.7	104	103	105
1951						
I	129	14.2	9.9	116	115	108
II	137	14.7	8.3	121	119	117
III	133	14.9	7.7	121	108	117
IV	146	14.6	10.2	124	112	NA
1952						
I	136	14.6	9.8	122	111	120
II	143	15.2	7.6	121	109	122
III	144	15.5	6.4	121	109	123
IV	158	15.0	10.1	121	110	124
1953						
I	146	15.2	8.4	120	109	125
II	158	15.8	6.4	119	108	128
III	160	16.0	5.5	117	108	128
IV	174	15.6	8.9	116	107	128

주: 1) 분기 구분은 3, 6, 9, 12월.
2) 분기 구분은 2, 5, 8, 11월.

자료: *Statistisches Jahrbuch für die Bundesrepublik Deutschland*, 1952-1954; *Wirtschaft und Statistik*, 1952-1954, Tabelle 1; Abelshauser(1982: 46).

였다. ECA는 1950년에 주택 건설, 소기업 지원, 농업 부문에는 대충자금 지출을 승인하였다. 그러나 장기 투자 부문이나 기계 쪽은 허용하지 않았다. 결국 1949-1952년에 마셜 플랜 대충자금은 총산업 투자의 5.5% 정도에 불과하였다. 이들은 주로 인프라나 생산재 부분의 애로 제거에 사용되었다. 초기에는 탄광, 철도, 에너지 부문에 주로 투자하였고 한국전쟁 발발 후 철강 공업 쪽에도 강조점을 두었다. 중공업 투자 촉진과 마셜 플랜을 제도적으로 연결시킨 면에서 대충자금 지출은 심리적, 정치적 의미를 가졌을 수 있다. 그러나 장기 투자에 대충자금을 사용한 것은 결코 마셜 플랜의 중심 기제가 아니었다(Abelshauser 1991: 395-404).[27]

한편, 발표 효과(announcement effect)를 더욱 중요시하는 미시적 입장도 만만치 않다. 이들은 수정론적 해석, 즉 서독의 경기 회복이 ERP 수입품의 실제 도착 시기인 1948년 말보다 훨씬 전, 즉 1947년 중엽에 시작되었다는 주장은, 마셜 장관의 하버드대학 졸업식사(1947년 6월)가 불러일으킨 정치적, 경제적 기대 효과를 과소평가하였다는 것이다. 두 가지 예가 이러한 접근을 잘 보여 준다.

당시 직물 공업은 식량 공급과 함께 주목 대상이었고, 정치적, 사회적, 경제적 이해의 중심에 있었다. 소비재에 대한 가격 통제와 배급제가 폐지된 1948년 6월 이후 직물과 의류 가격이 급등하였다. 이것은 당시 매우 큰 관심사였다. 그해 6-12월에 생활비 지수 상승

27) 마셜 플랜은 "서독으로 하여금 **스스로의 자원과 능력**에 기반한 재건을 가능하게 했으며 그 과정에서 서유럽의 안정화에 기여하였다(Abelshauser 1991: 409(강조는 필자)).

폭은 식품 18%, 의류 35%, 가정용품 12%, 광열비 13%였다(*Statistisches Jahrbuch für die Bundesrepublik Deutschland* 1952: 404). 이와 같은 물가 상승은 사회적 갈등을 야기하고 배급 및 가격 통제로의 회귀 요구 등을 자극하여 시장경제 실험의 성패에 관건이 되었다. 물론 직물 가격 상승은 공급이 전후 폭발한 수요를 못 따라갔다는 것을 뜻한다. 통화 개혁 이후 재고가 줄고 생산이 늘었지만 수요 증가를 충족시키기에는 역부족이었다. 소비자가 보유한 통화가 식품 다음으로 직물 및 의류 구입에 쇄도하여, 〈그림 1-4〉에서 보는 바와 같이 가격이 상승하였다. 가격 상승의 효과는 당연히 직물 공급을 증가시키는 방향이어야 했으나 역설적으로 그 반대 현상이 나타났다. 이것은 한편으로는 미래의 원자재 공급에 대한 불확실성 때문이었다. 다른 한편으로는 직물 생산자와 판매자들이 추가적인 가격 상승을 예상하여 공급을 중단한 때문이었다. 물론 원자재 부족이 더욱 결정적 애로였다(Borchardt and Buchheim 1991: 417-421).

〈그림 1-4〉에서 알 수 있듯이 1948년 말에 소매 가격은 추세를 반전하여 하락하기 시작하였다. 이것은 아마도 소비 수요의 위축으로 일부 설명할 수 있을 것이다. 통화 개혁 이후 늘어난 소비자 대중의 구매력이 포화 상태에 이르렀다. 이제 소비 수준을 경상소득에 맞추어야 하게 되었다. 1948년 11월에 중앙은행 제도가 취한 신용 제한 정책도 이에 일조하였을 것이다.[28]

28) *Monatsbericht der Bank deutscher Länder*, Jan. 1949, pp. 12, 24ff.; Buchheim(1993); Emmer(1955); Holtfrerich(1999). 그리고 앞의 주 24) 참조.

〈그림 1-4〉 영미 점령 지역의 직물 생산과 직물 가격, 1948/49

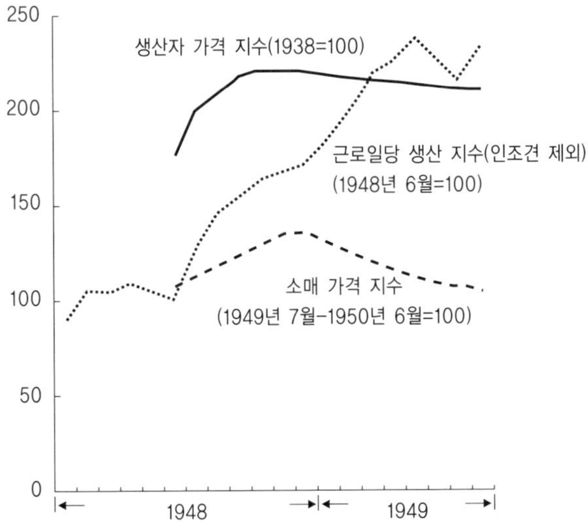

자료: Borchardt and Buchheim(1991: 418)에서 작성.

그러나 직물처럼 정치적으로 민감한 재화는 부가적인 고려가 필요하다. 생산자 측면에서는 소매 가격이 하향 반전한 이후에도, 또 생산이 연속적으로 증가하는데도 수요 수준은 유지되었다. 생산자 가격은 1948년 10월에 정점에 도달하였고 그 이후 서서히 하락하였다(〈그림 1-4〉 참조). 사실상 직물 거래와 의류 산업은 가격에 의한 조정을 받지 못하였다. 제공되는 상품들을 소비자들이 더 이상 무비판적으로 구입하지 않았기 때문이다. 상대적으로 저품질이거나 낡고 비싼 재고들은 처분되지 않았다. 방적 공장과 직포 공장에서 갓 출하된 신제품들은 파는 데 문제가 없었다. 새로운 생산의 감소는 재고 감소가 아니라 오히려 증가를 초래하였다. 이러한 모든 새로운 형태의 시장 과정은 그 원인이 마셜 플랜 수입에 의해 원자재를 확보하려는 데 있었다(Borchandt and Buchheim 1991: 425-426).

수입, 특히 원면의 수입은 영미 점령 지역 직물업의 원자재를 공급하는 데 결정적으로 중요하였다. 1948-1949년 초에 영미 점령 지역 면사의 절반 가까이가 면방적 공장에서 생산되었다. 면사 수입은 미미하였다. 서독 내에서 생산된 면사가 직포 공장의 가장 중요한 투입 요소였음이 분명하다. 〈그림 1-4〉를 보면 통화 개혁 이후 1949년 초까지 직물 생산과 특히 생산성(노동 시간당 생산)이 꾸준히 상승하였다. 이에 비해 원면 수입은 1948년 7월에 13,500톤에서 1948년 11월 5,000톤으로 급감하였다. 그 다음 달부터 ERP 수입이 도착할 때까지 직물 공장의 원자재는 거의 전부 서독 내에서 자급하였다. 원면 및 면사 재고가 바닥날 정도였다. 즉, 1948년 12월에 도착하기 시작한 ERP 수입이 없었다면 직물 공장이 모두 폐쇄될 위기에 처하였을 것이다. 이것은 마셜 플랜 초기 수입품, 즉 원면, 양모, 황마, 가죽이 적절한 시기에 도입된 덕을 보았다는 뜻이 아니라, 원자재가 곧 서독에 들어올 테니까 그때까지 서독 내에 있던 재고 원자재를 다 소진하도록 생산하였다는 뜻이다. 실제 원자재 도착 여부를 떠나 ERP 수입을 기대하였기 때문에(발표 효과) 재고를 고갈시킬 수 있었다. 마셜 플랜이 이러한 애로를 제거하는 효과를 낳았을 수 있다.

이 설명은 가죽과 신발 공업 부문에도 적용된다(Borchandt and Buchheim 1991: 426-431; Buchheim 1993: 76).

ERP 수입은 서독의 직물 공업을 도와 시장 생산에 믿음을 준 한 예였다. 대충자금 투입으로 발전소가 건설되고 이에 따라 전기 생산이 빠르게 회복된 것도 그런 예에 해당한다. 발전량의 회복은 산업 생산보다 훨씬 빨랐다. 1948년에 이미 1936년 수준을 넘어섰으나 수요를 채우기에는 아직 많이 모자랐다. 가전용품과 난방, 공장용 에너지 수요 등이 기술 진보에 따라 장단기 전기 수요를 급증시켰다. 한국전쟁 시기에 전기 부족은 더욱 극심하였다. 석탄 부족과 효율적 발전소 부족이 사태를 악화시켰다. 이러한 전기 부족은 비효율적 발전소의 용량을 확장시키는 방식으로 1953년 이후에야 어느 정도 해소되었다. 이런 상황에서 대충자금으로 새로운 발전소를 건설하는 일은 시급하고 불가결하였다.

실제로 1952년까지 재건금융공사(Kreditanstalt für Wiederaufbau: KfW)가 관리한 대충자금 32억 마르크 가운데, 약 4분의 1이 전기 산업에 투여되었다. 이것은 석탄이나 철강 산업 투자액보다 컸다.[29)] 대충자금은 주로 발전소의 신설 또는 확장에 사용되었다. 분배망 확충을 위한 자금은 회사 자체에서 조달하거나, 혹은 다른 곳에서 조달하였다. 규모로 보아 분배망 투자가 훨씬 중요하였다. ERP 대충

29) 기간을 어떻게 잡는지, 계획, 승인, 실행 중 어느 단계에서 포착한 통계를 인용하는지에 따라 수치가 조금씩 달라진다. 예를 들어, 대충자금 총액도 〈표 A-2〉에는 35억 7,500만DM이며 주로 전기인 에너지 투자액은 KfW 자료에 의하면 8억 3,500만DM 또는 7억 2,900만DM, Baumgart(1961: 71)에 의하면 8억 7,200만DM, 〈표 A-2〉의 수치는 7억 2,600만DM이다.

자금이 전기 산업에 투자된 것은 나머지 다른 자금이 발전소 신설에 묶이지 않게 함으로써 분배망 확충에 전념할 수 있게 하였다는 뜻이다. 결국 대충자금 투입으로 1948-1952년 동안 발전량이 5분의 3, 발전소 신설이 5분의 4 증가하였고, 2,400메가와트(MW)의 용량이 증가하였다. 새로운 발전 시설이 경제 성장을 가속했을 만큼이 ERP 대충자금의 기여도라 보고, GDP 대비 전력 소비 비율이 고정이라고 가정해 보자. 대충자금이 없었다면, 1952년 GDP가 약 17% 감소하였을 것이다. 또 발전 용량 1kW당 평균 비용을 계산하여 대충자금의 기여도를 추계한다면 GDP의 약 9%가 된다. 물론, 당시 달러 부족 상황을 생각하면 이들 부문의 실제 가격(shadow price)은 더 높았을 것이고 이에 향후 발생할 누적 효과를 감안하면 위의 추계는 과소평가된다.[30)]

2. 통화 개혁과 무역 확대

위에서 본 것처럼 마셜 플랜의 경제적 성과에 관한 수정주의적 해석은 ERP 수입량이나 대충자금의 상대적 규모를 근거로 한 것이다. 이에 대한 반론은 발표 효과와 애로 제거의 미시적 측면을 부각시킨다. 이들의 차이점은 설명 틀과, '반사실적'(counter-factual) 가정

30) Borchardt and Buchheim(1991), pp. 436-440, 450. 추가적인 문제는 ERP 대충자금이 없을 때 나머지 액수라도 조달할 수 있었을까 하는 것이다. 통화 개혁 직후 발전소 수익이 낮았으므로 생산비에도 못 미쳤다. 불완전한 자본 시장에서 KfW가 다른 곳에서 자금을 끌어올 수 있었을까. 중앙은행 신용이 대충자금을 대체할 수 있었을까. 물가 및 국제 수지에 신경쓰느라 그리 쉽지는 않았을 것이다 (Borchardt and Buchheim, 1991: 444-449).

에 있어 보인다. 그러나 이와는 다른 차원, 즉 통화 개혁과 대외 경제 개방 면에서의 접근도 가능하다.

1948년 6월의 통화 개혁은 여러 정치적 상황 때문에 서독 지역에서만 수행되었다. 같은 해 3월 발족한 새로운 중앙은행(Bank deutscher Länder)이 발권을 독점하였다. 환율은 새 화폐 1마르크(DM) = 미화 30센트로 고정되었다(1949년 9월에 평가절하). 물가 동결은 공식적으로 폐기되었다. 공산품 가격은 생산비를 충당할 수준까지 상승하였고, 임금은 15% 인상되었다. 소비자는 배급 대신 1인당 60마르크씩, 기업은 고용인 1인당 60마르크씩 할당 받았다. 은행과 중앙 및 지방 당국, 공기업, 국가사회당 조직의 채권은 소멸되고, 기타 모든 신용은 1인당 및 기업 할당을 계상한 나머지 부분에 대해 10라이히스마르크(RM) 대 1도이체마르크(DM)로 교환되었다(Buchheim 1999: 90-94).[31)]

통화 개혁은 시장 경제 회복의 시발점이었다. 화폐 임금으로 식품을 구매하게 되어 근로 의욕이 고취되고 생산성이 향상되었다. 또한 수출 환경을 개선하는 효과가 있었다. 물론 1949년까지는 달러 결제 조항 때문에 수입수출이 제한되었다. 달러 조항이 철폐된 후 독일의 무역량이 늘고 경제 개방이 가속되었다. 이것은 통화 개혁 이후 이윤 추구의 유인이 생겨 수출품 생산이 증가하여 가능하였

31) 동결된 계정을 감안하면 총액으로 보아 실제 교환 비율은 10 대 1이 아닌 100 대 6.5이었다. 소련 점령 지역에서도 별도의 통화 개혁이 진행되었는데, 이것이 동서독 분단을 사실상 완결시킨 것이며 베를린 봉쇄의 시작 시점과 일치한다.

다. 서독의 수출은 1948-1952년에 5배 증가하였다. 증가분 가운데 10분의 9가 공산품이었다. 수출 중 공산품이 차지하는 비중은 1948년에 40% 미만이었다가 1952년에 80% 이상으로 늘었다. 특히, OEEC 국가로 금속, 기계, 운송 장비를 수출하였다. 즉, 제1차 세계 대전 이전에 독일 제국이 서유럽에 하였던 자본재 공급자 역할을 이제 서독이 회복한 것이다. 전후 초기에 서유럽은 주로 미국에서 자본재를 수입하였다. 1948년까지 오스트리아, 덴마크, 프랑스, 영국, 이탈리아, 노르웨이, 스위스 등은 기계와 운송 장비의 39%를 미국에서, 4%를 서독에서 수입하였다. 1952년에는 이들의 수입선이 달라져 미국 26%, 서독 24%로 되었다. 1955년에는 각각 20%와 32%로 변하였다. 이는 당연히 유럽의 달러 부족 사태 해결에 도움을 주어 1958년 태환 회복에 기여하였다. 결국 마셜 플랜의 일환으로 추진되었던 서독의 통화 개혁이 궁극적으로는 오히려 ERP 성공의 전제조건이 된 것이다(Buchheim 1993: 80-83).

독일을 폐쇄 경제에서 탈피시켜 개방 경제로, 특히 서유럽과의 다자 간 무역망에 흡수된 유기체로 육성하는 것이 ECA의 의도였다. 또한 달러 원조나 추가적 투자보다 근본적으로 높은 우선순위를 가진 목표였다. 서독의 자본재가 미국의 자본재를 대체하여 서유럽에 공급됨으로써 달러 부족 사태를 해결하도록 하려는 노력은 바로 EPU 결성으로 이어졌다. 이것은 서방 세계를 양대 통화 블록, 즉 서유럽 통화 지역과 달러 지역으로 분할시킨 의미를 가졌다. 미국 국무부와 ECA의 이러한 정책은 미국 재무부나 브레튼우즈 체제의 기본 교리인 전 세계적 다자 간 무역에 위배되는 것이었다. 이는 또한 1880년대 이후 지속되었던 무역 패턴, 즉 미국, 영국, 독일이 세계 제조업 수출의 60%, 자본재 수출의 3분의 2를 담당하였던 모습과도 달랐다. 서독의 공산품 수출 대상은 주로 서유럽이었다. 그러나 프랑스나 이탈리아보다 오히려 나머지 소규모 개방 경제인 오스트리아, 벨기에, 네덜란드, 노르웨이, 스웨덴, 스위스 등 자본재 특히 기계류의 수입 수요가 큰 나라에 집중되었다(Milward 1991: 452-455, 462-464).

ERP, ECA가 서독을 세계 경제에 재편입시키려는 목표는 결과적으로 미국이 대가를 치를 만큼 초과 달성되었다. 취약한 노조와 귀환 및 이민 노동자 때문에 저임금이 오래 지속되었고, 나중에는 기술 진보와 생산성 향상에 힘입어 경쟁력이 강해지면서 미국과 영국의 수출 시장을 잠식하였다. 서유럽 내 다자 간 무역을 촉진하기 위한 EPU 결성은 차별적 무역 블록을 형성하여 미국과 영국의 희생하에 서독 경제를 급속 성장시켰다. 이런 의미에서 서독에서 마셜 플랜의 효과는 무역 부분에서 가장 컸다고 할 수 있다(Milward 1991: 481-482, 484).

EPU가 서유럽 내 다자 간 결제를 가능케 하여 무역 확대에 기여하였다는 것은 앞 장에서 설명한 바와 같다. 이제 서독 경제 재건의 시각에서 EPU에 대해 다시 논의해 보자. 이를 위해 1939년부터 보호령 내지 점령국을 흡수하여 40년 이후 광대해진 독일 치하 유럽의 다자 간 무역 형태와 결제망을 살펴볼 필요가 있다. 제국은행 산하의 중앙결제연합(Deutsche Verrechnungskasse)이 점령 지역을 포함한

'대경제권'(Grosswirtschaftsraum)의 결제소 역할을 하였다. 이것은 점령 지역을 착취하는 수단이라고 할 수 있다. 〈표 1-12〉를 보면, 각국에 대한 누적 결제 잔고를 보여 준다. 프랑스, 네덜란드, 벨기에, 폴란드 등에 결제 적자가 크고, 기타 동유럽이나 남유럽은 상대적으로 착취 액수가 작았다. 무역 패턴을 보면, 수입에서 산업 내 무역이 늘어나고 있어 '비특화'(despecialization) 과정을 보여 준다. 다시 말해 점령지는 원자재 공급원이 아니라 독일에서 생산 요소와 자본 장비를 가져다가 완제품을 생산해 되파는 강요된 통합 경제였다. 또한 프랑스와 베네룩스 국가와의 결제가 동유럽보다 상대적으로 컸다. 이는 전후 EPU 가입이 독일 무역 방향의 재편이 아니라 전시 패턴으로의 복귀를 뜻한다(Berger and Ritschl 1995: 222-225).[32]

따라서 종전 후 무역 단절은 독일과의 무역 단절을 의미한다. 자본재를 미국에서 수입하려니 달러 부족이 심각하고 따라서 서독 경제 부흥이 관건이었다. 중앙결제연합에 대한 혐오에도 불구하고 왜 EPU가 선호되는가. 이론적으로는 유럽 통화의 충분한 평가절하와 브레튼우즈 태환으로 달러 부족을 해결할 수 있었다. 그러나 그런 방법으로는 '독일 문제'를 풀지 못하는 것이다. 서독을 유럽 내 분업 질서에 재통합시키기 위해 EPU가 필요하였다. 종전 직후 전시 결제 부채 회수를 위해 벨기에와 네덜란드가 먼저 이와 비슷한 장치를 원하였다. 그런데 이때는 미국이 달러 결제 조항을 고집하였

32) 1960년경까지 산업 내 수입이 재등장하고 자본재 수출이 증가하는 모습은 독일 경제의 전후 재건 잠재력을 표현하는 것으로 해석되고 있다.

〈표 1-12〉 독일의 누적 결제 잔고, 1940-1944(연말, 백만RM)

	1940	1941	1942	1943	1944
벨기에	−131.9	−666.4	−1,980.1	−3,882.9	−4,976.2
덴마크	−190.7	−384.1	−559.1	−1,007.9	−1,421.2
프랑스	−55.2	−811.9	−2,590.0	−5,799.9	−8,532.2
폴란드	−11.3	−754.5	−1,753.0	−2,845.2	−4,712.7
그리스	−5.9	−59.1	−65.5	+69.3	+261.9
네덜란드	−425.4	−1,255.8	−2,345.6	−4,240.2	−5,989.6
노르웨이	+13.1	+59.5	+90.6	+159.6	+21.5
보호령(보헤미아, 모라비아)	+0.2	−0.3	−11.2	−12.2	−3.5
세르비아	−	−52.4	−154.2	−370.2	−553.1
유고슬라비아	+46.5	+56.7	+50.5	−6.3	−10.5
우크라이나	−	−	−3.5	+279.6	+292.8
러시아	−	−	−	+318.4	+204.0
에스토니아	−0.3	−0.1	−0.1	−0.1	−
리투아니아	−2.3	−2.3	−2.3	−2.3	−
라트비아	−0.8	+0.1	+0.1	+0.1	−
합계 I	−763.3	−3,870.7	−9,323.4	−17,340.1	−25,418.9
알바니아	−	−	−	−	−2.3
불가리아	−48.5	−219.7	−425.4	−657.8	−758.2
핀란드	+6.0	+99.9	+131.1	+143.3	+31.9
이탈리아	−15.6	−236.3	−503.8	−241.8	−147.3
크로아티아	−	−23.8	−99.8	−563.2	−1,051.6
루마니아	−55.7	−360.1	−623.8	−721.8	−1,126.4
슬로바키아	−86.1	−197.6	−275.7	−466.3	−631.7
헝가리	−0.1	−193.0	−577.3	−1,049.5	−803.7
합계 II	−199.2	−1,130.5	−2,374.8	−3,557.0	−4,489.3

자료: Bundesarchiv Koblenz, R7/3636, fol.41.

다. 이는 독일의 지불 능력을 확보하기 위한 것이었다. 결국 미국의 채권은 전시 채무나 배상금보다 우선적으로 인정한다는 조항을(seniority clause) 선행시킨 후에야 1949년에 달러 결제 조항을 포기하게 되었다. 전시 부채는 1953년 이후 따로 논의하기로 하고, 새로운 신뢰와 운영 자금으로 다자 간 신용을 창출하자는 EPU는 상호 견제의 타협물이었다. 이것은 브레튼우즈 태환보다 용이하고 쌍무적 결제보다 우월한 장치였다(Berger and Ritschl 1995: 226-228).

EPU 다자 간 결제에 참여하고 무역 자유화를 실행한 이후 서독은 무역량이 급증하였다. 그러나 1949년 10월-1950년 3월, 또 1950년 7월-1951년 3월에 EPU 국가들에 대해 경상적자가 다량 발생하는 국제 수지 위기를 맞게 된다(〈그림 1-5〉 참조). 이것은 서독이 EPU에 대한 적자를 축적하는 '적응 기간'이라고 해석된다. 서독은 주로 1차 산품과 원자재 수입으로 발생한 이 'EPU 위기'를 벗어나려는 노력을 당분간은 적극적으로 경주하지 않았다. 높은 실업률 때문에 긴축 정책은 쓸 수도 없었다. 생산과 수출에 필요한 수입을 규제하는 보호주의 정책도 1951년 2월까지 채택하지 않았다. 서독이 서유럽 경제에 통합되는 과정에서 '적응 위기'(adaptation crisis)를 야기하고 극복하는 양상이라는 것이다(Berger and Ritschl 1995: 229-231).

그러나 이와 같은 경상수지 적자는 다른 요인으로도 충분히 설명할 수 있다. 우선 1949년 9월 유럽 각국 통화를 평가절하할 때 절하폭이 상대적으로 낮았기 때문에(마르크(DM) 20.6%, 파운드 스털링(pound Sterling) 30.5%) 마르크화가 고평가되었다. 이것은 아마도 수입

〈그림 1-5〉 서독의 EPU 국가들에 대한 월별 경상수지

(단위: 백만 달러)

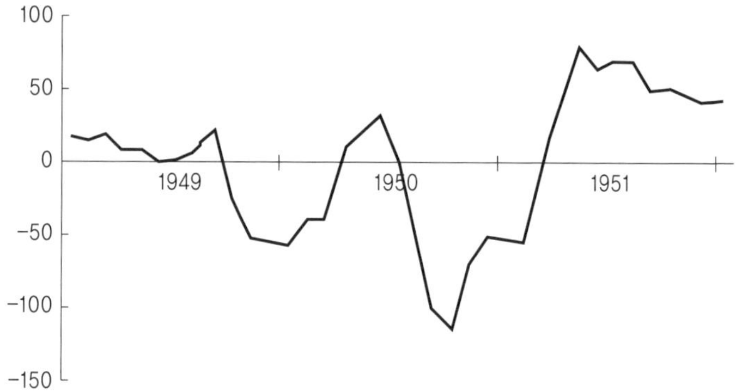

자료: Bank deutscher Länder, *Monatsberichte*, 각 월호.

가격을 낮게 유지할 수 있는 장점이 있었겠지만 무역 수지에는 바람직하지 않았을 것이다. 그리고 1950년 6월의 한국전쟁은 서독의 수입품 가격을 일시적으로 상승시킨 효과가 있었을 것이다. 물론 이러한 설명은 증상을 묘사할 뿐이고 원인을 밝히는 길이 아닌지도 모른다.[33)]

33) Temin(1995)은 한국전쟁이 서독 경제의 회복에 도움을 주었다는 일부 학설들을 효과적으로 비판하고 있다.

IV 남은 이야기: 마셜 플랜의 현대적 의의

이제 이 글을 요약하고 마셜 플랜의 경험이 어떤 의의와 시사점을 갖는지 생각해 보자. 서유럽 전반에 걸친 경제적 성과를 다각도로 검토하여 나라마다 다른 점이 많지만 마셜 플랜이 비교적 성공적이었다는 결론을 내릴 수 있을 것이다. 첫째, 마셜 원조는 생산 증대에 필요한 재화의 수입은 물론 성장을 위한 투자 가속을 가능하게 하였다. 이에 더해 생산성 향상과 기술 이전을 위한 노력이 수반되었다. 둘째, 통화금융 개혁을 통한 안정화 과정을 추진하였으며 물가 통제 및 배급제를 해제하고 시장 경제 회복의 틀을 마련하였다. 이것은 또한 노동 시장의 공급 유인을 고취하였다. 셋째, 무역 자유화의 환경을 조성하였으며 적절한 다자 간 결제 기구 형성을 촉진하였다. 그 결과 무역량이 생산보다 빠르게 증가하였다. 넷째, OEEC와 EPU를 결성하여 운영케 함으로써 서유럽 경제 통합의 기반을 제공하였다. 즉, 투자 자금이나 외환의 부족을 보전한 것도 중요하지만 '시장 위기'의 극복, 분배 분쟁의 해결, 경제 협력에의 기여 등등이 마셜 플랜의 성과로 평가되어야 한다고 주장하였다.

서독의 재건에서 마셜 원조의 기여도 문제는 양상이 복잡하다. 자본 스톡과 양질의 미취업 노동력 등 서독 경제의 재건 기반은 많은 부분 국내에 존재하였다. 문제는 자본 부족이 아니라 낮은 가동률에 있었다. 마셜 원조액이 상대적으로 작았음에도 오히려 집행되지 않은 ERP 수입이 골칫거리였다. 대충자금 투자 실적은 미미하였다. 배상금 명목의 원자재 강제 수출은 서독 경제를 왜곡시킨 면이 있다. 마셜 플랜의 역할을 긍정적으로 평가하기 위해서는 원면 수입의 '기대 효과', 발전소를 건설하여 전기 공급을 증대시킨 점 등 미시적인 애로 제거를 따져야 할 것이다. 무엇보다도 통화 개혁을 통한 시장경제 회복, 그리고 EPU 가입에 따라 다자 간 유럽 무역에 자본재 공급국으로서 재통합된 사실을 강조하였다. 서유럽 경제 부흥이라는 일반 목표, 또 유럽 통합의 추진에서 서독의 역할이 부상한 점을 부각시켰다.

구 소련 및 동구의 계획 경제 붕괴 이후, 조직적인 원조 필요 여부에 관한 논란이 많았다. 마셜 플랜의 경험에서 얻을 수 있는 교훈을 검토하는 일련의 시도가 있었다(Eichengreen and Uzan 1992; Dornbusch, Noelling and Layard 1993). 우선 초기 조건을 비교할 때 1989년 이후 구소련 동구 경제의 형편은 1947년경 마셜 원조 수혜국들의 상황보다 훨씬 나빴다. 금융 개혁이나 안정화는 IMF의 권고로 1947년 이탈리아의 예와 같은 신속한 결과를 보였다. 그러나 오히려 개혁의 미시적 측면이 중요하다. 제도 미비 상태에서 이루어진 생산수단 사유화는 심각한 주인-대리인 문제를 야기하였다. 더 큰 문제는 시장 행위를 보장할 법적, 제도적 장치가 결여되어 있다는 것이었다. 경영 행위를 감시하고 계약을 집행하며 노사 협약을 추진할 법제나 행정적, 사회적 기구가 마련되어 있지 않았다. 원조의 역할에서도 마셜 플랜의 공헌과 유사한 것이 기대되지 않았다. 분배적 갈등은 지나치게 심각하여 약간의 원조로는 해결이 불가능할 전망이고, 무역의 와해는 지금 지역적 EPU 같은 기구의 결성으로 해결되지 않을 것이다. 생산성의 철학을 이전하기도 힘들 것이다. 결국 초기 조건과 원조의 성과 기대에서 비교 불가능한 점이 너무 많다(Reichlin 1995: 53-63; Eichengreen and Uzan 1992: 52-54).[34] 그런데도 구 소련 동구권에 대한 원조가 시장 기구, 자유 무역, 금융 안정의 방향으로 정책을 집중하도록 유도하게 되면 마셜 플랜의 경험에서와 같이 성장을 가속시킬 수 있을 것으로 생각된다(DeLong and Eichengreen 1993: 221-223).

마셜 원조의 성격 가운데 하나는 IMF의 긴축 기조로부터 서유럽을 '구해 준' 면이라고 제2절에서 언급한 것을 상기하자(각주 19). 또한 구소련 동구에 원조를 제공할 때 집단적인 패키지 방식이 논의되는 것이 바람직하며, 특정 프로그램에 원조하지 않고 특정인, 특정 집단에 무조건적 지원을 제공하는 것은 수혜국의 지배층이 악용할 여지가 있음을 염두에 두어야 할 것이다(Esposito 1995: 86-88).[35]

나아가서 마셜 플랜 때와는 달리 1990년대 이후에는 민간 자본 시장에서 세계 방방곡곡으로 장단기 자금이 이동하고 있다. 여기에는 재정 안정, 민영화, 규제 완화, 무역 개방, 행정 효율을 막론하고 아무런 개혁 조건이 부가되지 않는다. 이와 같은 '시장에 기반을 둔

34) 몇 년 전 모 정치인이 북한에 마셜 플랜이 필요하다고 언급한 적이 있으나 개방 후 북한도 비슷한 상황이 될 것이다.
35) 국제 전쟁 이후의 코소보나 이라크 등에도 이러한 권고가 적용될 것이다.

마셜 플랜'(market-based Marshall Plan)은 시행착오의 위험이 따르기 마련이며 오히려 물가, 이자율 및 금융 정책을 불안정하게 할 우려가 있다(Eichengreen 2001: 139-141).

마지막으로 마셜 플랜이 추진된 결과의 산물인 유럽 통합은 최근 지역주의의 모범적 사례가 되고 있다. 그러나 지역주의가 진정한 의미의 다자 간 세계 시장 통합의 디딤돌인지 아니면 걸림돌인지가 매우 혼란스러운 형편이다. GATT/WTO에 통보된 지역 무역 협정이 189개가 되는 상황에서 이들을 세계적 후생 증진으로 연결시키도록 관리하는 문제가 점점 심각해질 전망이다(양동휴 2004).

〈표 A-1〉 마셜 플랜 개시 후 서독과 서베를린 지역의 ECA/MSA 원조 물품 공급(1948. 4. 3-1952. 12. 31)

상품 구분	금액(천 달러)	
식품과 농산물		
010 빵 제조용 곡물	234,927	
020 사료 곡물	162,627	
030 쌀	516	
040 밀 제품	132	
050 식용 유지	80,573	
060 기름덩어리와 밀가루	2,469	
070 사탕	54,481	
080 육류	18,516	
090 낙농 제품	212	
110 드라이아이스	1,960	
120 종자, 기름 짜는 씨 제외	323	
121 콩류	3,346	
122 감자	4,664	
125 야채	3,812	
130 말린 과일	2,126	
131 기타 과일과 호두, 땅콩 제외	5,240	575,924
공산품		
050 공업용 유지	13,122	
140 커피	4,603	
150 식용 동식물 제품	360	
160 담배	82,831	
170 원면	261,091	
175 면사	4,084	
180 양모	7,603	
190 식물성 섬유, 면직 제외	6,629	
200 동물의 모발	2,170	
210 비식용 동식물 제품	4,741	
215 수지와 테레빈	10,450	
220 알코올	1,007	
235 인조 비료	6,086	
370 의약품	3,527	
380 공업용 화학 제품, 알코올 제외	7,936	
390 기타 화학 제품	7,928	
470 피혁	32,377	
480 가죽	8,664	

〈표 A-1〉 계속

상품 구분	금액(천 달러)	
540 섬유 제품	6,352	
570 목재	6,927	
591 종이	20,555	
620 원유와 파생물	61,226	
640 비금속 광물, 석재, 흙	6,516	
650 NE 광석과 정선광	29,011	
651 철광석과 정선광	1,498	
660 선철, 압연 제품, 철합금	3,465	
691 알루미늄, 알루미늄 합금	1,622	
692 구리	25,762	
693 놋쇠, 청동	1,231	
695 니켈	1,708	
696 주석	681	
697 아연	3,901	
698 각종 비철금속	13,511	
710 발전기와 모터	492	
720 전기 기구	240	
740 건설 광산 채굴 장비	3,914	
750 공작 기계	5,580	
760 금속 가공 기계	2,886	
780 공업 기계	17,351	
820 자동차 및 자동차 부품	5,161	
850 철도 장비	716	
880 과학 도구	237	
890 각종 공업 원료 및 가공품	1,499	
891 고무	7,186	
930 기술 서비스	1,224	
P 프로젝트 획득권	2,030	697,691
하물		
950 선적 하물	113,002	
951 석탄과 식품	209	113,211
		1,386,826
신용		22,506
공급 총액		1,364,320

자료: Bundesminister für den Marshallplan, *Wiederaufbau im Zeichen des Marshallplanes 1948-1952*, Bonn 1953: 156.

〈표 A-2〉 마셜 플랜 개시 후 대충자금 사용 계획 및 실제 지출

(단위: 백만DM)

사용 목적	1952. 9. 30		1952. 12. 31	
	계획	실행	계획	실행
A. 투자				
에너지	725.75	710.78	725.75	725.75
탄광	591.00	505.65	591.00	527.00
기타 공업(철강 제외)	480.64	470.29	479.38[1)]	474.41
농산물과 식품	372.73	311.66	372.73	337.75
주택 건설(점령군 주택 제외)	331.28	292.81	331.28	301.10
해운(항만 포함)	175.92	150.23	175.92	157.14
가스와 수도	86.46	83.91	86.46	85.55
전차	17.30	17.30	17.30	17.30
철강	167.68	167.26	167.68	167.49
관광	22.57	22.12	22.57	22.26
소투자, 도피 기업	95.70	95.70	95.70	95.70
내륙 하운	9.40	9.40	9.40	9.40
내륙 항만	11.96	11.96	11.96	11.96
사설 전차	6.75	6.53	6.75	6.75
교통업	85.69	54.89	85.69	59.79
우편	20.00	20.00	20.00	20.00
연구	0.59	0.43	0.59	0.43
B. 보조금				
농산물	111.95	74.70	111.95	87.20
연구	30.46	22.80	30.46	24.41
개발 건물	0.52	0.45	0.52	0.45
달러 지역 시장 개척	4.30	2.88	4.30	3.83
C. 기술 지원	1.50	0.22	1.50	0.51
서독 지역 합계	3,350.02	3,031.98	3,348.76	3,136.18
베를린	475.24	395.10	475.24	439.56
예비비	38.74	–	40.00	–
총계(베를린 포함)	3,864.00	3,427.08	3,864.00	3,575.74

주: 1) 126만DM을 예비비로 이전.

자료: Bundesminister für den Marshallplan, *Wiederaufbau im Zeichen des Marshallplanes 1948-1952*, Bonn 1953: 201.

〈표 A-3〉 서독의 분기별 지역별 국제 수지, 1950-1954

(단위: 백만 달러)

분기별	총계			EPU 지역			기타 청산 지역			청산협정 없는 지역(IMF와 세계은행 포함)		
	무역수지	무역수지 + 무역외수지	외국원조	무역수지	무역수지 + 무역외수지	외국원조	무역수지	무역수지 + 무역외수지	외국원조	무역수지	무역수지 + 무역외수지	외국원조
1950. 1	-203.6	-214.7	+161.8	-106.8	-121.4	+33.9	+6.5	+6.0	-	-103.3	-99.3	+127.9
2	-75.8	-79.0	+81.6	-25.0	-30.2	-22.6	+26.7	+26.2	-	-77.5	-75.0	+104.2
3	-113.9	-118.9	+119.7	-70.9	-77.4	+0.1	+11.9	+9.6	-	-54.9	-51.1	+119.6
4	-163.7	-188.2	+127.7	-137.6	-160.8	+0.1	+19.5	+13.8	-	-45.6	-41.2	+127.6
1951. 1	-97.7	-143.4	+122.6	-56.8	-86.3	+0.0	+16.8	+12.1	-	-57.7	-69.2	+122.6
2	+170.3	+131.4	+151.5	+231.3	+222.7	+0.0	+20.1	+12.9	-	-81.1	-104.2	+151.5
3	+118.6	+85.2	+113.9	+171.2	+158.1	+0.0	+24.1	+17.0	-	-76.7	-89.9	+113.9
4	+169.4	+112.7	+39.7	+230.8	+206.6	-	+28.7	+20.6	-	-90.1	-114.5	+39.7
1952. 1	+41.0	-0.1	+24.2	+159.9	+110.7	-	+2.2	-3.3	-	-121.1	-107.5	+24.2
2	+206.6	+221.6	+21.2	+209.2	+181.5	-	+47.9	+42.3	-	-50.5	-2.2	+21.2
3	+208.0	+229.7	+38.3	+196.3	+163.4	-	+57.0	+53.6	-	-45.3	+12.7	+38.3
4	+74.8	+115.6	+30.8	+20.6	-5.5	-	+56.7	+52.2	-	-2.5	+68.9	+30.8
1953. 1	+109.5	+133.6	+12.2	+80.9	+51.2	-	+23.1	+18.7	-	+5.5	+63.7	+12.2
2	+235.1	+246.2	+16.7	+190.1	+148.4	-	+52.4	+46.6	-	-7.4	+51.2	+16.7
3	+232.1	+245.0	+13.0	+169.8	+123.3	-	+47.5	+44.3	-	+14.8	+77.4	+13.0
4	+305.9	+346.1	+21.1	+238.7	+211.2	-	+47.0	+43.2	-	+20.2	+91.7	+21.1
1954. 1	+261.5	+262.7	+29.7	+220.1	+182.3	-	+8.6	+3.2	-	+32.8	+77.2	+29.7
2	+214.7	+202.6	+17.7	+217.1	+156.0	-	+7.0	+3.1	-	-9.4	+43.5	+17.7
3	+263.6	+279.1	+12.1	+218.1	+165.2	-	+5.8	+2.2	-	+39.7	+111.7	+12.1
4	+211.9	+212.6	+9.7	+203.6	+160.9	-	-14.0	-19.3	-	+22.3	+71.0	+9.7

자료: Bank deutscher Länder, *Statistisches Handbuch der Bank deutcher Länder 1948-1954*, Druck-und Verlagshaus Frankfurt a.M., 1955: 256-259에서 작성.

연표

1946. 3	Monnet Plan
1946 .7	Government and Relief in Occupied Areas(GARIOA)
1947. 6. 5	미 국무장관 George C. Marshall 하버드대학 졸업식 연설
1947. 7	Committee of European Economic Cooperation(CEEC)
1947. 9	파운드 태환 실패, Bretton Woods 체제 와해
1948. 4. 3	European Recovery Program(ERP) 입법
	European Cooperation Administration(ECA) 활동 시작
1948. 4	서독 Bank deutscher Länder
1948. 4. 16	Organisation for European Economic Cooperation(OEEC)
1948. 6	서독 통화 개혁
1948. 10	Agreement for Intra-European Payments and Compensations (AIEPC)
1949. 4	North Atlantic Treaty Organization(NATO)
1949. 9	유럽 각국 평가절하(파운드 30.5%, DM 20.6%)
	독일연방공화국(서독) 정부 수립
1949. 10	Mutual Defense Assistance Program(MDAP)
1950. 5	Schuman Plan
1950. 8	OEEC, Code of Trade Liberalisation 채택
1950. 9	European Payments Union(EPU) 7월 1일부터 소급 적용
1951. 2	서독 무역 자유화 중단
1951. 4	European Coal, Iron and Steel Community(ECSC)

1951. 12 영국 무역 자유화 축소

Marshall Plan 종료, Mutual Security Administration(MSA)가 ECA 대체

1952. 4 프랑스 무역 자유화 중단, 서독은 자유화 재개

1953. 3 OEEC, European Productivity Agency(EPA) 설립, 5월 발효

1954. 4 프랑스 무역 자유화 재개, 사실상 평가절하

1955. 8 European Monetary Agreement(EMA) 조인, 1958. 12 발효

각국 통화 태환 회복

1957. 3 Treaty of Rome, 1958. 1부터 European Economic Community (EEC), EURATOM 발효

참고문헌

김세원, 『EU 경제학: 유럽경제통합의 이론과 현실』, 박영사, 2004.

김종현, 『근대일본경제사』, 비봉출판사, 1991.

양동휴, 「자본주의의 황금기 1950-1973: 전후 호황의 원인과 성격」, 『경제논집』, 41(1), 2002, pp. 1-28.

______, 「지역주의는 세계화의 디딤돌인가 걸림돌인가: 이론적 역사적 고찰」, 『경제논집』, 43(1 · 2), 2004, pp. 131-164.

Abelshauser, W., *Wirtschaft in Westdeutschland 1945-1948: Rekonstruktion und Wachstumsbedingungen in der amerikanischen und britischen Zone*, Stuttgart: Deutsche Verlagsanstalt, 1975.

______, "Wiederaufbau vor dem Marshall-Plan. Westeuropas Wachstumschancen und die Wirtschaftsordnungspolitik in der zweiten Hälfte der vierziger Jahre," *Vierteljahreshefte für Zeitgeschichte*, 29, 1981, pp. 545-578.

______, "West German Economic Recovery, 1945-1951: A Reassessment," *Three Banks Review*, 135, 1982, pp. 34-53.

______, "American Aid and West German Economic Recovery: A Macroeconomic Perspective," in C. S. Maier and G. Bischof, eds.,

The Marshall Plan and Germany: West German Development within the Framework of the European Recovery Program, New York: Berg, 1991, pp. 367-409.

Bank deutscher Länder *Geschäftsberichte*(annual reports), 1948ff., various issues.

______, *Monatsberichte*(Monthly reports), 1948ff., various issues.

______, *Statistisches Handbuch der Bank deutscher Länder. 1948-1954*, Frankfurt/M, 1955.

Barbezat, Daniel, "The Marshall Plan and the Origin of the OEEC," in R. T. Griffiths, ed., *Explorations in OEEC History*, Paris: OECD, 1997, pp. 33-44.

Barkin, S., "The Postwar Decades: Growth and Activism Followed by Stagnancy and Malaise," in Barkin, ed., *Worker Militancy and its Consequences*, New York: Praeger, 1983.

Baumgart, E. R., *Investitionen und ERP-Finanzierung*, Berlin: Duncker & Humblot(DIW Sonderhefte(N. F.), 56), 1961.

Berger, H. and A. Ritschl, "Germany and the Political Economy of the Marshall Plan, 1947-52: a Re-Revisionist view," in B. J. Eichengreen, ed., *Europe's Post-war Recovery*, Cambridge: Cambridge University Press, 1995, pp. 199-245.

Borchardt, K. and C. Buchheim, "The Marshall Plan and Key Economic Sectors: A Microeconomic Perspecrive," in Maier and Bischof, eds., *The Marshall Plan and Germany: West German Development within the Framework of the European Recovery Program*, New York: Berg, 1991, pp. 410-451.

Buchheim, C., *Die Wiedereingliederung Westdeutschlands in die Weltwirtschaft 1945-1958*(Quellen und Darstellungen zur Zeitgeschichte Bd.31), Munich: Oldenbourg, 1990.

______, "Marshall Plan and Currency Reform," in Diefendorf, Frohn, and Rupieper, eds., *American Policy and the Reconstruction of West Germany, 1945-1955*, Cambridge: Cambridge University Press, 1993, pp. 69-83.

______, "The Establishment of the Bank deutscher Laender and the West German Currency Reform," in Deutsche Bundesbank, ed., *Fifty Years of the Deutsche Mark: Central Bank and the Currency in Germany since 1948*, Oxford: Oxford University Press, 1999.

Bundesminister für den Marshallplan, *Weideraufbau im Zeichen des Marshallplanes 1948-1952*, Bonn, 1953.

Bundesminister für wirtschaftlichen Besitz des Bundes, *Deutschland im Wiederaufbau 1949-1959: Ein Historischer Rückblick*, Bonn, 1959.

Burk, K., "The Marshall Plan: Filling in Some of the Blanks," *Contemporary European History*, 10(2), 2001, pp. 267-294.

Carew, Anthony, *Labour under the Marshall Plan: The politics of productivity and the marketing of management science*,

Manchester: Manchester University Press, 1987.

Cini, Cichelle, "From the Marshall Plan to EEC: Direct and Indirect Influences," in M. Schain, ed., *The Marshall Plan: Fifty Years After*, 2001.

Crafts, N. F. R. and G. Toniolo, eds., *Economic Growth in Europe since 1945*, Cambridge: Cambridge University Press, 1996.

DeLong, J. B. and B. J. Eichengreen, "The Marshall Plan: History's Most Successful Structural Adjustment Program," in R. Dornbusch, W. Noelling, and R. Layard, eds., *Postwar Economic Reconstruction and Lessons for the East Today*, Cambridge, MA: MIT Press, 1993, pp. 189-230.

Deutsche Bundesbank, ed., *Deutsche Geld-und Bankwesen in Zahlen 1876-1975*, Frankfurt/M, Lang, 1976a.

______, *Währung und Wirtschaft in Deutschland 1876-1975*, Frankfurt/M, Lang, 1976b.

______, *Fifty Years of the Deutsche Mark: Central Bank and the Currency in Germany since 1948*, Oxford: Oxford University Press, 1999.

Diebold, W., *Trade and Payments in Western Europe: A Study in European Cooperation 1947-1951*, New York: Harper & Bros, 1952.

______, "The Marshall Plan in Retrospect: A Review of Recent Scholarship," *Journal of International Affairs*, 41, 1988, pp. 421-435.

Diefendorf, J. M., A. Frohn, and H-J. Rupieper, eds., *American Policy and *the Reconstruction of West Germany, 1945-1955*, Cambridge: Cambridge University Press, 1993.

Dornbusch, R., W. Noelling, and R. Layard, eds., *Postwar Economic Reconstruction and Lessons for the East Today*, Cambridge, MA: MIT Press, 1993.

Dulles, A. W., *The Marshall Plan*, edited and with an introduction by M. Wala, Oxford: Berg, 1993.

Eichengreen, B. J., *Reconstructing Europe's Trade and Payments: The European Payments Union*, Manchester: Manchester University Press, 1993.

______, *Globalizing Capital: A History of the International Monetary System*, Princeton: Princeton University Press, 1996a.

______, "Institutions and Economic Growth: Europe after World War II," in N. F. R. Crafts and G. Toniolo, eds., *Economic Growth in Europe Since 1945*, Cambridge: Cambridge University Press, 1996b.

______, *The Reconstruction of the International Economy, 1945-1960*, Cheltenham: Edward Elgar, 1996c.

______, "The Market and the Marshall Plan," in M. Schain, ed., *The Marshall Plan: Fifty Years After*, Houndmills: Palgrave, 2001, pp. 131-145.

Eichengreen, B. J., ed., *Europe's Postwar Recovery*, Cambridge: Cambridge University Press, 1995.

Eichengreen, B. J. and M. Uzan, "The Marshall Plan: Economic Effects and Implications for Eastern Europe and the Former USSR," *Economic Policy*, 14, 1992, pp. 13-76.

Emmer, R. E., "West German Monetary Policy, 1948-54," *Journal of Political Economy*, 63, 1955, pp. 52-69.

Esposito, Chiarella, *America's Feeble Weapon: Funding the Marshall Plan in France and Italy, 1948-1950*, Westport, CT: Greenwood Press, 1994.

______, "Influencing aid recipients: Marshall Plan lessons for contemporary aid donors," in B. J. Eichengreen, ed., *Europe's Post-war Recovery*, Cambridge: Cambridge University Press, 1995, pp. 68-90.

Gardner, Ray, "The Marshall Plan Fifty Years Later: Three What-Ifs and a When," in M. Schain, ed., *The Marshall Plan: Fifty Years After*, Houndmills: Palgrave, 2001, pp. 119-129.

Gillingham, J., "The European Coal and Steel Community: an object lesson?" in B. J. Eichengreen, ed., *Europe's Post-war Recovery*, Cambridge: Cambridge University Press, 2001, pp. 151-168.

______, *European Integration 1950-2003: Superstate or New Market Economy?*, Cambridge: Cambridge University Press, 2003.

Gimbel, J., *The Origins of the Marshall Plan*, Stanford: Stanford University Press, 1976.

Griffiths, R. T., ed., *Explorations In OEEC History*, Paris: Organisation for Economic Cooperation and Development, 1997.

Hardach, G., "The Marshall Plan in Germany, 1948-1952," *Journal of European Economic History*, 16(3), 1987, pp. 433-485.

______, *Der Marshall-Plan: Auslandshilfe und Weideraufbau in Westdeutschland 1948-1952*, München: Deutscher Taschenbuch Verlag, 1994.

Hoffmann, S. and C. Maier, eds., *The Marshall Plan: a Retrospective*, London: Westview Press, 1984.

Hogan, M. J., "American Marshall Planners and the Search for a European Neocapitalism," *American Historical Review*, 90(1), 1985, pp. 44-72.

______, *The Marshall Plan: America, Britain and the Reconstruction of Western Europe, 1947-1952*, Cambridge: Cambridge University Press, 1987.

Holtfrerich, C-L., "Monetary Policy under Fixed Exchange Rates, 1948-70," in Deutsche Bundesbank, ed., *Fifty Years of the Deutsche Mark: Central Bank and the Currency in Germany since 1948*, Oxford: Oxford University Press, 1999.

Judt, T., "Introduction," in M. Schain, ed., *The Marshall Plan: Fifty Years After*, Houndmills: Palgrave, 2001, pp. 1-9.

Kaplan, Jacob J. and Günter Schleiminger, *The European Payments Union: Financial Diplomacy in the 1950s*, Oxford: Clarendon Press, 1989.

Kindleberger, C. P., *Marshall Plan Days*, Boston: Allen & Unwins, 1987.

Kipping, M. and O. Bjarnar, eds., *The Americanisation of European Business: The Marshall Plan and the Transfer of US Management Models*, London: Routledge, 1998.

Kluge, U., "West German Agriculture and the European Recovery Program, 1948-1952," in Diefendorf, Frohn, and Rupieper, eds., *American Policy and the Reconstruction of West Germany, 1945-1955*, Cambridge: Cambridge University Press, 1993, pp. 155-174.

Maier, C., *In Search of Stability: Explorations in Historical Political Economy*, Cambridge: Cambridge University Press, 1987.

______, "Introduction to Part Ⅲ," in Maier and Bischof, eds., *The Marshall Plan and Germany: West German Development within the Framework of the European Recovery Program*, New York: Berg, 1991, pp. 363-366.

Maier, C. and G. Bischof, eds., *The Marshall Plan and Germany: West German Development within the Framework of the European Recovery Program*, New York: Berg, 1991.

Marglin, S. A. and J. B. Schor, eds., *The Golden Age of Capitalism: Reinterpreting the Postwar Experience*, Oxford: Clarendon Press, 1990.

Milward, A., *The Reconstruction of Western Europe, 1945-51*, Berkeley: University of California Press, 1984.

______, "The Marshall Plan and German Foreign Trade," in Maier and Bischof, eds., *The Marshall Plan and Germany: West German development within the Framework of the European Recovery Program*, New York: Berg, 1991, pp. 452-487.

______, *The European Rescue of the Nation-State*, 2nd ed., London: Routledge, 2000.

OECD, *The European Reconstruction 1948-1961: Bibliography on the Marshall Plan and the OEEC*, Paris: OECD, 1996.

______, *The Rise and Fall of a National Strategy, 1945-63*, London: Frank Cass, 2002.

Price, H., *The Marshall Plan*, Ithaca, NY: Cornell University Press, 1955.

Reichlin, L., "The Marshall Plan Reconsidered," in B. J. Eichengreen, ed., *Europe's Post-war Recovery*, Cambridge: Cambridge University Press, 1995, pp. 39-67.

Schain, M. A., ed., *The Marshall Plan: Fifty Years After*, Houndmills: Palgrave, 2001.

Schroeder, H-J., ed., *Marshallplan und Westdeutscher Wiederaufstieg: Positionen-Kontroversen*, Stuttgart: Franz Steiner Verlag, 1990.

Statistisches Bundesamt, *Statistisches Jahrbuch für die Bundesrepublik Deutschland*, Bonn, 1950ff.

Temin, P., "The Koreaboom in West Germany: fact or fiction?" *Economic History Review*, 48, 1995, pp. 737-753.

______, "The Golden Age of European Growth Reconsidered," *European Review of Economic History*, 6, 2002, pp. 3-22.

Turner, Ian D., ed., *Reconstruction in Post-War Germany: British Occupation Policy and the Western Zones, 1945-55*, Oxford: Berg, 1989.

U.S. Department of State, *Foreign Relations of the United States(FRUS)*, various years(1947-) and volumes.

U.S. Economic Cooperation Administration(ECA), *European Recovery Program: Western Germany*, Country Study, Washington, D.C, 1949.

U.S. Mutual Security Agency, *Procurement Authorizations and Allotments*, Division of Statistics and Reports, Washington, D.C, 1953.

Wexler, I., *The Marshall Plan Revisited: The European Recovery Program in Economic Perspective*, Westport, CT: Greenwood Press, 1983.

______, "The Marshall Plan in Economic Perspective: Goals and Accomplishments," in M. Schain, ed., *The Marshall Plan: Fifty Years After*, Houndmills: Palgrave, 2001, pp. 147-152.

제2장

지역 통합, 집단 안보, 무역망 구축:
연합국 점령 하의 서독과 일본 경제

I 머리말

제2차 세계 대전 후 서독과 일본의 경제 재건 과정을 비교 분석하고 그 현실적 의의를 찾아보려는 것이 이 장의 목적이다. 특히, 연합국의, 사실상은 미국의, 서독 점령 정책(1945-1955년), 그리고 미국의 일본 점령 정책(1945-1952년)의 영향을 평가하는 데 초점을 맞춘다. 점령 정책은 처음에 비군사화와 민주화 개혁에 역점을 두었다. 1947년경부터는 정책의 목표가 자립 경제 수립을 위한 경제 회복이다가(독일은 'Restauration', 일본은 'reverse course'), 이후 이들 패전국 경제와 미국 주도의 세계 경제가 협조적으로 발전할 수 있게 하는 쪽으로 향하였다.[1)]

종전 직후 물적·인적 손실이 엄청났던 일본과 독일이 이로부터 벗어나기 시작한 것은 1948년경이 되어서였다. 전쟁 중 독일의 인구 손실은 700만 명, 일본은 300만 명이었다. 양국 모두 영토의 거의 절반을 잃었다. 각각 1,000만과 400만 규모로 귀환하는 자국민은 인프라 파괴와 공장가동률의 급감으로 가뜩이나 심각한 실업 상태를 더욱 악화시켰다. 점령국들은 국제연합 구호복구사업(UNRRA)이

1) 서독은 직접 통치, 일본은 일본 정부를 통한 '간접 점령'이었으므로 비교에 약간의 난점이 있으나 점령기가 이들 경제에서 단절적 전환점인지 연속적 연결 고리인지 여러 측면을 고려하는 데는 큰 문제가 되지 않는다(Petzina and Ruprecht 1992, 특히 Otake의 논문, pp. 75-98).
미국은 미서전쟁 이후 쿠바에서, 제1차 세계 대전 이후 독일 라인란트에서 일시 점령국의 경험을 가졌다. 그러나 인구나 경제 규모로 볼 때 제2차 세계 대전 이후 일본, 특히 독일 점령은 전혀 새로운 국제 관계적 도전이었고 준비되지 않은 초보자의 점령 정책은 초기에 보복적 탈공업화 시도 등 불합리한 시행착오를 거칠 수밖에 없었다(Zink 1957: 1-4).

나 점령 지역 관리 및 구호기금(GARIOA) 등으로 구호 원조를 제공하였으나 그것은 이들 나라가 최소한 기아 상태를 면하게 하려는 노력이었을 뿐, 군사 목적으로 사용된 각종 공장의 가동은 도와주려 하지 않았다. 그러다가 1947년경 냉전의 시작과 더불어 전범 재판 이외의 인적 청산(탈나치화(Entnazifizierung), 탈군국주의화)을 중단하였다. 그리고 정치적 목표를 전환하여 이제 서독과 일본을 각각 유럽과 아시아에서 공산주의 확산을 봉쇄하는 선봉으로 삼고자 하였다.

이와 같이 피점령국에 대한 지원이 구호 위주에서 경제 재건 위주로 바뀌게 된 배경에는 정치적 의도, 냉전 체제에 따른 외교적, 군사적 요인들이 있다. 하지만 원조 계획과 집행 과정, 그리고 그 성과에 관한 문제들은 분명 '경제적' 실체이다. 일정 기간 특정한 경제적 목표를 달성하기 위한 구체적 지침도 있었다. 예를 들어, 마셜 플랜의 목표는 강력한 생산 증대, 해외 무역 팽창, 국내 금융 안정, 경제 협력 개발 등이었다.[2] 일본에 대해서도 경제 부흥, 물가 안정, 단일 환율 설정, 대충자금 융자 등으로 자립 기반을 확충하도록 유도하였다. 나아가 서독과 일본을 각각 유럽과 아시아의 '공장'(workshop)으로 육성하여 공업 제품 특히 자본재의 공급처로 삼음으로써 미국의 일방적인 무역 불균형을 해소하고자 하였다.

점령 정책의 기조 변화에 냉전이 주요 계기를 제공한 것은 분명하다. 다른 한편으로 그것은 세계 경제 부흥과 시장의 확대를 염두

2) 양동휴(2004b: 197).

에 둔 미국의 전반적 대외 정책 추진의 일환이기도 하였다. 제Ⅲ절에서 다시 언급될 것이나, 당시는 세계적으로 달러가 부족하였고 다자 간 무역을 촉진하기 위한 노력이 절실한 상황이었다. 달러 부족 사태는 서독과 동유럽, 일본과 중국의 무역 단절 때문에 더욱 심각하였으므로 서유럽 특히 서독과 일본을 '생산 중심지'화하여 아프리카, 남미, 아시아와의 '식민지적' 무역 패턴을 재건할 필요가 있었다. 원조 계획의 목표가 이러했을지라도 미국 의회의 승인을 얻기 위해 이 계획을 냉전 전략의 일환으로 '포장'하는 것이 유리하였다.[3)]

다시 말해, 점령 정책이 변화된 배경에는 미국 주도 하의 개방적 세계 경제 건설을 위한 의식적이고 지속적인 노력이 있다. 독일과 일본에 대한 대외 경제 정책이 그러한 세계적 구상에서 출발한 것이므로 이들을 비교하고 종합적으로 접근하는 것이 바람직하다. 예를 들어, 독일에 대해 모겐소(Morgenthau) 플랜에서 마셜 플랜으로, 일본에 대해 폴리(Pauley) 보고서에서 드레이퍼(Draper) 보고서로 근본적인 정책 변화가 이루어지는 배경에는 유사한 요인이 있다.[4)]

점령기 독일과 일본의 회복 과정에 대한 기존의 연구는 대부분 제2차 세계 대전 후 미국의 대(對)유럽 및 대아시아 외교 정책, 특히 냉전과 관련된 정책에 관한 것들이다. 즉, 이들은 점령 정책의 배경, 집단 방위 체제, 기타 군사 협조 체제와의 관계 등을 중시하거나, 미

3) Borden(1984: 3-6, 10-11).
4) Hardach(1985: 21).

국 정부 내에서 대외 정책이 관료적, 조직적으로 진화하는 과정에 초점을 맞추었다. 복잡한 원조 계획과 집행 과정 자체를 분석한 연구는 드물다. 그리고 점령 정책의 일부로서 경제 원조의 공표된 경제적 목표와 실제 성과를 연결시키려는 시도가 축적된 것은 비교적 최근의 일이다. 또한 전후 독일만을, 혹은 일본만을 개별적으로 자세히 연구한 문헌은 많으나 이 둘의 사례를 체계적으로 비교한 연구는 거의 없는 실정이다.[5)]

글의 구성은 다음과 같다. 제II절에서는 연합국들이 종전 이전부터 독일과 일본의 처리 문제를 어떻게 구상하였는지, 점령 초기의 정책 시행은 어떠하였는지를 살핀다. 탈나치화, 비군사화와 민주적 개혁이 목표였던 이들 정책은 불완전하게 수행되다가 중단되며 1947년경에 경제 회복 및 자립 경제 기반 구축으로 목표가 바뀐다. 이 내용은 제III절에서 검토한다. 경제 회복 과정도 간략히 서술할 것이다. 제IV절은 이 장의 중심으로서 무역의 확대와 무역 패턴을 분석한다. 이 과정에서 전쟁 이전 패턴으로의 복귀와 지역 통합적 성격이 부각된다. 마지막 절에서는 점령기 경제 회복의 귀결과 현재적 의미를 평가한다. 이 모든 것을 서독과 일본을 비교하고 종합적으로 검토하는 시각에서 접근한다.

5) 몇몇 시도가 Wolfe(1984), Hardach(1985), Krebs and Oberlnder(1997), Streeck and Yamamura(2001), Gough(2003), Gilchrist and Williams(2004) 등에서 이루어지고 있다.

II 초기 점령 정책

제2차 세계 대전 중 연합국, 특히 미국의 전후 구상은 미국 주도하의 개방적 세계 경제, 즉 1930년대 블록 경제의 재발을 방지하고 미국의 시장을 확보한다는 것이었다. 그리하여 브레튼우즈 체제가 만들어지고 GATT가 성립하였다. 이러한 큰 그림 안에 독일과 일본에 대한 정책이 자리를 잡았다. 그러나 점령 초기에는 패전국을 응징한다는 생각도 없지 않았다.

1943년 11월 테헤란 회담에서 독일 분할 계획이 논의되었으나 미 국무부는 이듬해 온건한 비군사화, 탈나치화, 민주적 노동 개혁, 경제 분권, 배상금 감축 쪽으로 정책 방향을 선회하였다. 그러나 1944년 9월 퀘벡 회의에서 결정된 재무부의 모겐소 플랜은 이보다 훨씬 과격하였다. 즉, 독일을 분할하고 농업국화하며, 배상금 징수도 공장 해체, 강제 노동의 형태로 한다는 것인데, 이 안은 여러 반대에 부딪쳐 거의 포기되었다. 1945년 2월 얄타 회담에서 독일의 동부를 폴란드에 이양하고 나머지를 연합국 4개국이 분할 점령하기로 하였다. 또한 독일의 생산 활동을 1936년의 70-75% 수준으로 제한하기 위해 각 산업마다 일정 한도(Level of Industry: LOI)를 결정하고 이 수준보다 높은 '과잉 설비'를 해체하여 200억 달러에 달하는 배상금 형태로 몰수할 예정이었다.[6)]

6) 얄타 회담에서 루스벨트와 스탈린이 독일 장교 5만 명 처형이라는 농담을 주고받았다는 기록이 있다

아시아 쪽에서는 중국을 미국 이해관계의 중심축으로 삼고 일본의 패권을 소멸시키는 것이 고려되었다. 1943년 12월 카이로 회담에서 일본 패전 이후 제국 영토에 관한 문제가 발표되었다. 1945년 7월 포츠담 선언에서 항복 조건이 결정된 이후 1945년 11월의 합참 지침에서 분할 점령은 배제하고 일본 정부를 가동시키기로 결정하였다. 연합국을 포함한 극동위원회가 자문 기구로 존재하였으나 사실상은 연합군 총사령관(SCAP) 맥아더의 감독 하에 일본 정부가 행정을 맡는 간접 통치가 이루어지게 되었다. 지침을 마련하기 위한 조사 보고서인 폴리(Pauley) 리포트는 모겐소 플랜만큼 과격하지는 않았다. 이 보고서 내용 가운데 공장 설비 철거 등 배상금은 6억 1,700만 달러로 책정되었으며, 토지 개혁, 노동 개혁, 재벌 해체 등도 있었다.[7)]

그러나 비군사화나 배상금 수취 등이 엄격히 시행되지는 않았다. 기근과 질병 등을 당장 해결하는 것이 급선무였기 때문이다. 각종 형태의 구호 자금(UNRRA, GARIOA)으로 식품 원조를 하는 한편, 인적 청산(탈나치, 탈군국주의)과 민주적 개혁이 시도되었다. 독일에서는 대은행과 대기업을 분리하고 카르텔을 해체하였으며 노동조합을 육성하였다.[8)] 일본에서는 민주화 개혁이 더욱 광범하게 이루어

(Neumann 1967: 137). 더욱 구체적인 점령 관련 회의가 1945년 7월 포츠담에서 열렸다(Feis 1960 참조). 재무부 견해를 대표하는 모겐소 플랜은 독일 경제 재건을 중시하는 국무부의 강한 견제를 받았다(Berghahn 1986: 91; Clay 1950: 18-19). 산업별 LOI는 군사 관련도에 따라 달리 책정되었다(US Department of State 1947: 31). 영국의 입장에 대해서는 Cairncross(1986), Turner(1989) 참조.

7) 1946년 4월의 U.S. Department of State(1946); SCAP, Government Section, Political Reorientation of Japan: September 1945 to September 1948 등 참조.

졌다. 재벌 해체와 독점금지법, 농지 개혁, 노동운동의 조성, 교육 개혁 등이 그것이다.[9)]

이와 같은 초기 개혁 조치가 경제 회복에 도움이 되었는가의 여부에 관해 논란이 있을 수 있다. 그러나 전반적으로 볼 때 어느 쪽으로든 큰 효과는 없었던 것으로 보인다. 탈나치화나 군국주의자 숙청은 소리만 요란하였을 뿐 이렇다 할 진전은 거의 없었고 도중에 중단되었다. 배상 및 LOI 초과 설비 해체는 일정대로 진행되지도 않았고 LOI는 계속 상향 조정되었다. 재벌 해체와 경제력 분산, 탈카르텔 정책은 분명히 규모의 경제를 해쳐 효율을 저해한 면이 있었을 것이나, 경쟁을 통한 합리화가 촉진된 측면도 있었다. 그러나 일정 기간이 지난 후에 새로운 형태의 기업 집단으로 다시 경제력이 집중되기도 하였다. 독일의 카르텔이나, 일본에서 은행을 중심으로 새로 조직된 케이레츠(經聯)는 훨씬 덜 경직적이었다. 한편, 서독의 노동자, 일본 농민의 정치력 배양과 복지 증진에는 점령기 개혁이 영속적 효과를 가져왔다. 따라서 종전 초기 경제 회복이 제한적이었던 것은 인프라와 공장의 낮은 가동률, 금융 제도 와해와 시장 운행의 애로 등에 원인이 있었을 것이다. 그렇지만 점령 당국의 정책은 구호 수준 이상의 적극성을 띠지 않았다.[10)]

---

8) 분산과 탈카르텔은 독일 산업의 '미국화' 과정의 일환이라고 할 수 있다(Berghan 1986: 84-110). IG Farben 같은 종합 화학 그룹이 해체되었고 대규모 석탄철강 수직 결합이 분리되었다. 6대 은행이 쪼개졌으며 개별 은행의 영업 범위가 하나의 주 내로 제한되었다(Clay 1950: 327). 노동조합의 새로운 기반에 대해서는 Bernecker(1979) 참조.

9) 中村隆英 編(1979); 中村隆英(1993: 140-146); 김종현(1991: 255-268); Kawai(1960: 183-200); 中村正則(1995).

III 미국의 대외 경제 정책 전환과 서독, 일본 경제의 부흥

1. 냉전과 달러 부족 문제

미국의 점령 정책 기조가 바뀐 계기는 물론 냉전의 시작에 있다. 즉, 서독과 일본의 자본제 경제를 강건히하여 유럽과 아시아에서의 공산주의 확산을 차단하려는 목표가 반영된 것이다. 그러나 냉전에 가려져 보이지 않는 더욱 근본적 요인이 있었다. 세계 경제의 장기 안정에 더욱 역점을 두려는 정책 입안자들도 있었던 것이다.[11]

전후 미국 대외 경제 정책의 우선적 목표는 1930년대의 대공황과 블록 경제의 악몽에서 벗어나 다자 간 세계 경제 시스템을 구축하는 것이었다. 문제는 미국의 생산비가 거의 모든 품목에서 낮았기 때문에 무역 흑자가 누적되는 구조적 불균형이 지속되었다는 데 있다. 19세기 영국은 무역 흑자를 내면서도 투자, 대부, 외화 보유 등을 적절히 활용하여 다자 간 자유 무역을 유지할 수 있었다. 이는 식민지와 영연방, 금본위제, 그리고 해군력 덕분에 가능하였다. 역사적으로 미국의 대유럽 무역 흑자는 유럽 식민지의 원자재 수입으

10) Kramer(1991: 111-121); Hardach(1985: 38).

11) 독일의 탈나치화, 민주화를 포기한 것은 미국의 이기적인 태도 때문이라는 비난도 있다(Gimbel 1968).

로 상쇄되었다. 제2차 세계 대전 이후에는 식민지들의 독립, 유럽 국가의 전시 부채, 동유럽 시장의 상실, 그리고 유럽의 구조적 무역 적자로 달러 부족 사태(달러 gap)가 야기되었다. 1958년까지 유럽 각국이 자국 화폐를 달러로 태환할 수가 없었다.[12)]

1948년부터 1951년까지 서유럽 15개국에 약 120억 달러를 지원한 마셜 플랜은 네 가지 목표를 표방하였지만(양동휴 2004 참조 혹은 제1장 참조), 다른 한편으로는 유럽의 달러 갭에 대처한다는 의미가 있다. 더욱이 계획은 유럽 식민지에서 달러와 무관한 식품과 원자재 공급을 개발하는 사업을 포함하여 미국의 역할을 줄이는 것이었다. 또한 대충자금을 식민지 투자 자본으로 보낸다거나 제3세계에 기술 지원 형태로 원조(트루만의 Point Ⅳ)를 제공한다는 것이었다. 이와 같은 여러 가지 노력에도 불구하고 달러 갭은 줄지 않아 1949년 9월 유럽 각국은 대폭 평가절하를 단행하였다. 이제 달러 갭이 마셜 플랜이 끝나는 1952년까지도 해결되지 않을 것이 예상되었다.[13)]

유럽 경제 통합이 대안으로 떠올랐다. 유럽 내에서 다자 간 무역을 촉진함으로써, 그리고 서독을 자본재 공급원으로 육성함으로써 달러를 더 이상 공급하지 않고도 개방적 세계 경제를 발전시킨다는 전략이다. 이를 위해 유럽 내 무역 장벽을 완화함과 동시에 쌍무적 구상 무역에서 탈피할 수 있도록 다자 간 지불 장치를 마련하

12) 케인스는 IMF에 대규모의 안정 기금(국제청산동맹)을 만들어 자동 인출권을 주면 구조적 불균형이 해결될 것으로 보았으나 당시 IMF로서는 역부족이었다(Kindleberger 1950: 118-119).

13) Borden(1984: 26-29).

였다. 1950년 9월 미국이 운영 자금 3억 5,000만 달러를 공여하여 유럽지불동맹(EPU)이 만들어졌다. EPU는 경상거래 제한을 없애고 태환 회복을 목적으로 한 일종의 '지역적 브레튼우즈 체제'였다. EPU는 이전의 쌍무적 계약에서 다자 간 계약으로 무역을 확장할 수 있게 하였다. EPU는 국제결제은행(BIS)에만 지불 책임이 있고 IMF 규약에서 벗어나 있었다. 또한 이는 미국에 대해 차별 대우를 허락 받았고 1958년에 태환을 가능하게 하는 전기를 마련하였다.[14)]

마셜 플랜 이후 달러 갭을 해소하려는 노력은 상호안보계획(MSP) 원조로 이어졌다. 미국의 군수 지출을 해외 발주(offshore procurement)함으로써 달러를 공급하였다. 이것은 '군사적 국제 케인스주의'라고 이름 붙일 만한 것이었으며, 유럽이나 서독은 물론 특히 일본의 경우에 효과가 컸다.[15)]

마셜 플랜이 진행되는 동안 중국 혁명으로 말미암아 미국은 극동 정책을 전면적으로 재검토하지 않을 수 없었다. 독일 점령 정책 전환과 비슷한 변화가 일본에도 긴급히 필요함을 인식한 것이다. 마셜의 하버드대학 졸업식 연설 이전인 1947년 5월 '델타카운슬' 연설에서 애치슨 국무장관은 독일과 일본을 '유럽과 아시아의 공장(workshops)'이라고 지칭하였으며 연합국의 합의를 기다리지 않고 독자적으로 두 나라 경제 재건을 지원하겠다는 의도를 밝혔다. 급

14) Eichengreen(1995: 187-191); 양동휴(2004: 216-217).
15) 군비 지출이 1950년대 달러 갭을 종식시키고 1960년대 달러 과잉을 초래하였다는 가설에 대해서는 Block(1977: 107-109) 참조.

박히 변화하는 현실에서 서독과 일본이 자본주의 안정의 보루가 된다는 사실을 미국이 인정한 것이다. 미국의 동아시아 정책 중심이 중국에서 일본으로 옮겨졌다. 미국은 일본이 미국의 믿을 만한 우방으로서 태평양 경제와 안보 시스템에 통합되고, 일본이 단지 '자립 경제'로의 회복을 넘어서 '협력'을 통해 극동의 주요 권력으로 다시 부상하기를 원하였다.[16] 1948년 2월 배상 문제를 검토한 스트라이크(Strike) 보고서는 배상금을 4억 1,200만 달러로 감면하였고, 같은 해 드레이퍼(Draper) 보고서에서는 1억 6,600만 달러로 더욱 삭감하였다.[17]

점령 정책이 비군사화, 민주화 개혁에서 경제 부흥으로 전환(reverse course)된 1947년 당시 일본 경제는 매우 열악하였다. 1946-1947년 인플레이션이 극심하였고, 전시 부채의 보상을 중단한 상태였으며, 상업 금융은 마비되고, 무역은 수출이 전쟁 전 수준의 4.3%, 수입은 18.6%에 불과하였다. SCAP은 경제안정본부(후의 경제기획청)를 설립하여 경제 전략 기획을 담당하게 하였다. 이때 추진한 생산재개 정책이 '우선 생산 방식'(priority production system)이었다. 석탄과 철강의 생산물을 상호 집중 투입함으로써 이들 부문의 생산을 우선 증대시키고 순차적으로 다른 기간 산업 부문에 공급하여 경제 전체의 생산을 확대한다는 것이다. 이에 필요한 자금은 '부흥금융금고'

16) Hardach(1985: 34-35).
17) 실제로 군수 공장 시설 해체 등으로 수취한 배상 액수는 1949년 5월까지 4,000만 달러에 그쳤다(Cohen 1949: 425). 1950년대의 배상금(동남아) 지불은 시설 해체가 아니라 경제 성장의 과실 중에서 이루어졌다.

를 통해 거액의 '복금채'를 발행하여 조달하였다. 일본은행이 이를 인수하는 과정에서 인플레이션은 더욱 진전되었다.[18)]

그러나 독일이나 일본은 도시가 많이 파괴되고 교통 통신이 단절된 와중에서도 공장과 기계 설비는 상당한 정도로 남아 있었다. 전쟁 이전과 전시에 많은 투자가 이루어졌던 터라 전시 파괴와 감가상각을 상쇄하고도 자본 스톡이 1930년대 중반 수준을 상회하였다. 숙련 노동도 충분하였다. 이러한 요소들이 곧 전후 경제 회복의 기반이 될 수 있었다. 문제는 이들이 가동되지 않고 있었다는 것이었다. 이런 점에서 점령 정책의 변화가 갖는 의미가 클 수밖에 없다.[19)]

미국의 대외 경제 정책 변화의 상징은 GARIOA 등 구호 원조 이외에 경제 부흥을 위한 자금 지원이다. 전후 1951년까지 서독이 받은 원조 액수는 GARIOA 18억, 마셜 원조 14억, 영국의 기여 7억 등을 포함해 약 40억 달러이다. 일본에 제공된 원조 규모는 GARIOA와 점령지역경제부흥(EROA) 자금, 수출입 순회 자금, PC820 원면 수입 등을 합해 약 21억 달러에 달하였다. 이후의 원조 형태는 MSP, 그리고 군수품 특별 수요 등으로 이루어졌는데, 일본의 경우 한국전쟁 발발 후 1953년까지 특수 수요가 23억 달러에 이르렀다. 1964년까지의 특수는 72억 달러에 달해, 원조액 21억 달러를 합치면 1945-1964년 동안 연간 5억 달러씩 수취한 셈이 되며 이후 월남전 특수를 합하면

18) Borden(1984: 68-71).
19) Abelshauser(1975: 126-130); Abelshauser(1991: 376); 中村隆英(1993: 134-138).

합계는 더욱 늘어난다.[20)]

2. 경제 부흥의 여러 측면

독일 경제 회복의 분기점은 1946-1947년 겨울이었다. 그 이전에는 식량과 인프라가 애로였다. 예를 들어, 석탄 공급은 탄광이 아니라 수송이 문제였다. 유별나게 추웠던 그 겨울에 수로가 얼어붙었으며 철도 재건도 지연되었다. 1947년 2/4분기부터는 지속적 성장이 이어졌고, 이에 따라 1948년 6월 통화 개혁이 가능하게 되었다.[21)]

성장을 저해한 요인은 식량, 주거, 자유 시장의 미비에 따른 노동 공급 제한, 배상금 문제, 점령 지역 분할에 의한 분업 관계 재편 등이었다. 그러므로 통화 개혁과 시장 기구가 성장을 촉진하였다고 할 수 있다. 농업과 광업 부문부터 회복이 시작되었고 철강은 다소 늦었다. 기타 관련 산업도 곤란을 겪었다. LOI 제한에 따른 생산 부족과 정치적, 심리적 이유로 단절된 수출도 원자재부터 재개되었다. 1936년 수출액 중 제조업 제품이 77%, 원자재가 10%를 차지하였던 것과는 대조적으로 1947년에는 각각 11%, 64%였다. 즉, 석탄, 목재, 쇳조각을 주로 수출하였다. 수입은 식품 위주였고 공산품 수입은 지연되었다. 무역 수지는 계속 적자였다. 1945-1948년간 수입액

20) 양동휴(2004: 220); 김종현(1991: 276, 284); Borden(1984: 220).

21) 산업 생산 지수는 미국 지역과 영국 지역이 1947년 초에 통합되기 전까지 부침을 거듭하다가 1947년 1사분기를 저점으로 이후 계속 상승하였다(Abelshauser 1983: 34; Abelshauser 1991: 375).

의 3분의 2를 미국과 영국의 원조로 충당하였다.[22)]

통화 개혁 이전에는 통화의 남발과 재정 적자 때문에 초인플레이션의 재발을 우려하여 임금, 물가를 동결하고 자원 배분은 배급 및 계획 생산에 의존하였다. 해결 방법은 유동성을 줄이고 새 화폐를 발행하는 것이었으나, 이것이 성공하기 위해서는 분단된 점령 지역 간의 합의와 생산 회복, 그리고 재정 균형을 기다리는 수밖에 없었다. 금융 개혁이 지연된 결과 물물교환이나 암시장이 득세하였고 일할 유인이 없어 노동 생산성도 떨어지고 노동 공급도 부진하였다. 다시 말해 공식 계획경제와 비공식 지하경제가 공존하였다. 이러한 이중경제 하에서도 경제 회복이 상당한 정도로 진행되고 있었다는 가설이 돋보인다. 비공식 부문에 통계에 잡히지 않은 건축 투자와 재고 투자가 축적되었다. 감가상각도 과장되었다. 공식 부분만 하더라도 1947년부터 산업 생산 지수가 지속적으로 상승하기 시작하였다. 특히, 탄광, 가스, 전기 등은 사적 유인이 결여된 관료적 통제 체계 하에서도 효율적으로 운행되고 설비도 확장되었다. 또한 의류 산업처럼 동프러시아 쪽에서 숙련공이 서독으로 이주하여 기업을 설립한 경우도 많다.[23)]

1948년 6월의 통화 개혁은 정치적 상황 때문에 서독 지역에서만 수행되었다. 소련 점령 지역에서도 별도의 통화 개혁이 진행되면서 이것이 동서독 분단을 사실상 완결지었다. 같은 해 4월에 환율이 1

22) Wallich(1955: 230); Kramer(1991: 107-110); Abelshauser(1983: 30).
23) Abelshauser(1975: 42-50); Kramer(1991: 128-130).

마르크(RM)=미화 30센트로 고정되고, 6월 20일에 개인은 1인당 40라이히스마르크(RM)까지, 기업은 고용인 1인당 60라이히스마르크까지 1 대 1의 비율로 새 마르크(DM)를 할당 받았다. 은행과 정부, 공기업, 정당 조직의 채권은 소멸되었다. 기타 신용은 100라이히스마르크(RM)=6.5마르크(DM)로 교환되었다. 이것은 초인플레이션에 이어 두 번째로 소규모 저축자와 채권자에 불이익을 주는 행위였다. 통화 개혁은 시장경제 회복의 시발점이었으며 거의 모든 물품의 배급제가 폐지되었다. 암시장에 퇴장되었던 상품이 공식 시장에 등장하였다. 화폐임금으로 식품을 구매하게 되면서 근로 의욕이 고취되어 생산성이 향상되었다. 이것은 또한 수출 환경을 개선하는 효과가 있었다. 통화 개혁 이후 이윤 추구의 유인으로 인해 수출품 생산이 증가하였기 때문에 경제 개방과 무역 확대가 가속될 수 있었다.[24)]

카르텔 해체와 독점 금지 등 소위 '미국화' 움직임도 독일 재계의 반발에 부딪쳐 속도를 늦추고 나중에는 각종 예외 조항으로 타협하게 된다. 경제력 분산이 경쟁과 효율을 가져온다는 논리, 또 미국식 과학적 관리와 대량 생산 기술을 채택하여 생산성을 향상한다는 믿음이 점령 당국의 다각도의 노력으로 나타났다. 마셜 플랜의 지원을 받아 1949년 과학기술위원회와 기술 지원 그룹이 구성되었으며, 1950년에는 생산성 본부가 결성되었다. 또한 1952년에는 유럽

24) Buchheim(1993: 80-83). 통화 개혁과 동시에 조세 개혁이 있었다. 개인소득세와 법인세의 세율이 1946년의 높은 수준에서 급격히 낮아졌으며 저축이나 투자되는 소득, 시간외 노동 소득 등에는 면세함으로써 근로 의욕을 더욱 높였다(Wallich 1955: 70).

생산성 캠페인 기금이 조성되었다. 그러나 이러한 미국식 경영 모델의 전파에는 많은 저항이 따랐다. 사회 구조와 노동 관행이 달랐던 유럽에 그러한 모델이 성공적으로 적용될 수 있었는지에 대해 회의적인 시각도 많다.[25)]

일본도 1947년을 분기점이라 할 수 있다. 그 이전이 반동적 정치사와 경제 제도를 청산하고 엘리트 관료와 산업 독점체와의 권력 유착을 차단하며 공장 해체를 통한 배상을 시도하는 단계였다면, 그 이후에는 경제 부흥에 역점을 두게 된다. 즉, 1947년에 비군사화, 민주화 개혁에서 경제 부흥으로 목표를 전환하였다. 전쟁 전 미국과 일본의 우호 관계를 회복하여 국제 경제 안정과 미국의 아시아 시장 확보를 도모하기 위해 달러 갭을 해소한다는 것이다. 이것이 냉전과 중국 혁명에 가려져 있던 정책 전환의 배경이다.

달러 부족에 대응하기 위해 EROA 등 원조가 증액되었다. 거의 단절되고 통제된 무역을 회복시키기 위해 1947년 8월부터 차츰 개방도를 높여 무역소를 통한 '자유' 무역을 확대하기 시작하였다. '우선 생산 방식'의 추진과 미국의 점령 정책 변화를 배경으로 일본의 경제 부흥이 진전되었다. 그러나 자립 경제를 이루어 지속적으로 성장하기 위해서는 인플레이션을 수습하고 금융 안정을 이룰 필요가 있었다.

25) 양동휴(2004: 208-209). 신자유주의 정부 정책과 루르 지방 산업체 간의 초기 카르텔 정책을 둘러싼 충돌과 타협에 관해서는 Berghahn(1986: 155-181) 참조. 전후 유럽과 일본에 미국식 기술과 경영 방식의 이식 노력을 더욱 포괄적으로 논의한 Zeitlin and Herrigel(2000) 참조.

1949년에 수출 증대와 수입 억제를 위한 초긴축 정책이 도입되었다. '경제 안정 9원칙'의 시행을 주도한 것은 독일 통화 개혁의 주역이었던 닷지(Joseph Dodge)였다. 경제 안정 계획을 닷지 라인이라 칭하기도 하였다. 9개 항에는 균형 예산, 징세 효율, 신용 긴축, 임금 물가 제한, 교역 통제, 수출 보조 등이 들어 있다. 1949년 4월에는 1달러당 360엔의 단일 환율이 채택되었다. 그 이전에는 거래마다 다른 환율이 적용되었다. 단일 환율은 일본을 세계 경제와 연결시키고 무역이 원활히 전개될 수 있게 하였는데 수출 촉진을 위해 저평가된 수준이었다. 또한 인플레이션의 기본 원인이라고 생각된 부흥금융금고의 대출은 정지되었다. 대신 원조 물자 판매 대금인 대충자금이 채무 상환이나 산업 투자에 사용되었다. 탄광, 조선, 전기 등이 주요 수혜 부문이었다. 1949년 2월에 무역소는 외환통제위원회로 개편되어 외환 할당을 수행하였으며 점차로 무역 자유화를 추진하였다. 닷지 라인은 평가가 엇갈리기는 하지만 강력한 관료 주도 경제의 틀을 만들었다. 통산성, 재무성, 경제기획청 등이 전부 닷지 라인의 유산이다. 점령 당국은 일본을 '비정상적' 시장경제를 가진 신중상주의 국가로 거듭나게 하였던 것이다.[26]

닷지 라인은 1934-1936년에 12.9%였던 조세 부담률을 1951-1955년에 21.6%로 증가시키는 계기를 제공하였으며, 정부 저축과 투자율을 급격히 높였다. 대충자금을 '중요 산업'에 우선 배분하였으므

26) 김종현(1991: 277-280); Borden(1984: 92-95); Dower(1999: 544-546).

로 수혜 기업으로서는 긴축 금융이 아니었다. 정부 저축이 일본은행을 통해 신용 할인 형태로 민간 부문에 배분되어 투자를 촉진하기도 하였다.[27]

그러나 금융 경색, 수요 부진, 재고 축적, 대충자금의 도착 지연, 물가 하락, 대기업으로부터 하도급 가공비의 삭감 등으로 중소기업은 파산하는 경우가 많았다. 노동자는 임금 인하와 실업, 그리고 일반 소비자는 증세와 경비 절감을 강요당하였다. 닷지 라인은 '안전공황'이라는 심각한 구조적 불황을 초래하여 경제적 곤란과 사회적 불안을 증대시켰다. 이러한 상황에서 일본 경제를 '회생'시키고 새로운 국면으로 전환시킨 결정적 계기가 된 것이 한국전쟁이었다.

한국전쟁에서 필요한 군수 물자와 용역의 일부가 일본에 발주되어 특별 수요(특수)로 나타나고, 또한 세계적인 군비 확장 추세로 해외 수요가 증가하면서 일본의 수출이 급속도로 신장하였다. 전쟁 발발 1년 만에 특수로 3억 4,000만 달러를 벌어들였고, 1953년 말까지 13억 달러의 수입을 올렸다. 여기에 일본에 주둔하는 군인, 군속 및 가족 등의 지출 등을 포함하면 23억 달러에 달하였다. 이러한 조건이 생산을 크게 자극하였다. 생산 설비의 근대화와 합리화가 이루어졌으며 석탄, 철강, 전력, 조선 등 기초 산업뿐만 아니라 합성섬유, 합성수지, 전자통신 등의 신공업에 투자가 집중되어 공업 구조의 중심이 중화학 부문으로 옮아갔다.

27) Komiya(1966: 15-20).

군수 주문은 동남아 원자재 개발을 통해 일본과 동남아의 경제를 밀접히 연결시켰다. 일본을 중국 무역에서 단절시키고 미국 상품 시장으로 확보하기 위해 달러 갭 해소가 지속적으로 필요하였는데 이제 이것이 원조나 보조금 대신 특수 형태로, '협조' 방식으로 바뀐 것이다. 한국전쟁이 끝난 이후에도 일본에 들어오는 동남아의 군수 공급 주문이 지속적으로 달러 보조의 역할을 담당하였다.[28]

일본의 직물 상인들에게는 중국의 원자재와 시장이 매력적이었을 것이다. 그러나 미국 점령 개혁의 반전에 따라 보수 정객을 군수 주문과 안보 우산으로 무마하는 전략이 성공하였다. 일본의 중화학 독점 기업은 미국의 기술을 이용한 근대화로 큰 이득을 볼 수 있었다. 또한 경제적으로 달러 지역에 더 의존하였다. 일본 의회는 1952년 8월 반독점법을 개정하여 미쓰이, 미쓰비시 등의 기업 집단이 재통합할 길을 열어 주었다. 통산성은 이들이 군수 산업에 매진하도록 거들었다.[29]

28) Borden(1984: 150-153). 군수 물자의 해외 발주는 유럽에서도 마셜 원조를 대체해 갔다(Borden 1984: 156).
29) Borden(1984: 159-165).

IV 무역의 확대와 무역 패턴의 재편

1. 무역 확대와 경제 통합

종전 직후 서유럽 무역의 대부분은 쌍무적 협약을 통해 수행되었다. 무역량은 외환 준비를 위해 고안된 각종 수량 제한 때문에 극히 한정되어 있었다. 따라서 유럽경제협력기구(OEEC)의 초기 과업 중 하나는 유럽의 무역이 회원국 간 누적된 무역 장벽과 쌍무주의에서 벗어나게 하는 것이었다. 이를 위해 재화와 용역에 대한 무역 통제를 해체함과 동시에 적절한 지불 기구를 마련해야 하였다.

독일의 무역 확대는 1930년대와 제2차 세계 대전 중 잃었던 수출 시장을 회복하는 형태로 시작되었다. 독일은 1931년 은행 위기와 통화 위기 이후 외환 거래를 통제함으로써 금본위제를 사실상 포기하였다. 1933년 집권한 히틀러 정부는 쌍무적 무역 협정을 도입하였다. 쌍무적 외환 청산 시스템을 통해 독일 수입업자는 제국은행에 개설된 무역 거래 상대의 청산 계좌로 마르크를 입금하고 이것은 상대국에 팔린 상품 값으로 독일 수출업자에게 지불될 때까지 보관되었다. 독일은 이러한 유형의 협정을 헝가리와 최초로 맺은 후 에스토니아, 라트비아, 불가리아, 체코슬로바키아, 터키 등과도 체결하였다.

독일의 전통적 수출 초과 지역인 서유럽과 독일의 무역은 국제 무역 감소와 외환 통제 심화로 인해 제한되었다. 독일은 중요한 수출 시장 보존을 위해 네덜란드, 스위스, 이탈리아, 스칸디나비아 제국, 스페인, 포르투갈 등과 이른바 특별마르크(Sondermark) 협정을 추진하였다. 정상적 수준의 무역은 외환 할당에 의해 수행되고 추가적 무역을 위한 특별 계좌는 독일과 남·동유럽 간에 맺어진 쌍무적 외환 청산과 같은 방식으로 작동되었다. 1934년 ASKI(국내 지불을 위한 외국인 특별 계좌) 절차가 도입되었다. 독일 은행들에 계좌를 개설하여 여기에 외국 수출업자의 매상금을 예치하는 것이었다. 또한 영국, 벨기에-룩셈부르크, 캐나다, 프랑스, 뉴질랜드 등과 지불 협정 시스템을 구축하였다. 이 협정은 수입 대금 지불과 채무 상환을 위해 자유 외환을 방출할 것을 규정하였다.

1938년이 되면 쌍무적 무역 협정에 따른 무역이 독일 전체 무역의 50%를 차지하였다. 독일 무역의 대부분은 서유럽, 라틴아메리카, 중동 등과 이루어졌다. 1930년대에 금 블록 및 영국과의 무역은 줄고, 남부, 동부 유럽과의 무역 비중이 증가하였다. 그러나 이들이 독일의 주요 무역 상대는 아니었다.[30)]

1949년 석탄과 철강의 유럽공동시장을 구상한 슈만 플랜은 독일에서 환영 받았다. 그리고 다자주의적 자유 무역의 세계 경제 질서 수립이 미국 점령 정책의 일환으로 추진되었다. 마셜 플랜은 유럽 통합과 무역 자유화를 독려하는 미국의 좋은 정책 도구였다. 서

30) Feinstein, Temin, and Toniolo(1997: 160-165).

독이 서유럽 내에서 경제 성장의 '기관차' 역할을 하는 것이 필요한 시점에 점령 정책은 그러한 방향으로 나아가도록 영향력을 행사할 수 있었다.

사실 1951년 서독이 GATT에 가입할 때까지 서독의 해외 무역 정책은 연합국의 이해관계를 반영하였다. 1947년 OEEC는 무역 장벽을 낮추기 시작하였으며, 1950년 7월 EPU 결성에 따라 무역 자유화는 더욱 진전되었다. 이후 서독의 무역은 지속적으로 증가하였다. 서유럽 전체의 무역 자유화도 가속되었다. 전시에 팽창하였던 서독의 기계, 전기, 화학, 자동차 등 자본재 부문 생산 능력이 세계 무역의 성장을 배경으로 서독의 수출 증가로 연결된 것이다. 수출품 구성도 석탄, 목재, 금속 조각 등에서 공산품으로 바뀌어 서독의 수출에서 공산품이 차지하는 비중은 1948년에 17%에서 1950년에 65%로 증가하였다.

서독의 수출 증가는 1949년 9월의 평가절하(1달러=3.33마르크(DM)에서 1달러=4.20마르크(DM)로)와 미국으로의 수출 촉진 정책(dollar drive)에 힘입은 바 크다. 지리적으로 이제 서독은 미국 수입품 의존에서 탈피하여 서유럽(EPU 국가)과 밀접히 통합되었고 수출은 더욱 그러하였다. 경쟁 상대인 영국의 수출은 서유럽에서 기술적으로 덜 까다로운 영연방 국가나 제3세계로 옮아갔다. 전후 서독 무역의 흐름은 또한 동쪽에서 서쪽으로 전환되었다. 전쟁 전에는 독일 수출의 15% 정도가 동유럽, 남동유럽 국가로 향하였다. 1950년대 초에는 이들의 비중은 1-2%에 불과하였다.[31]

서독의 무역 확대가 서유럽 통합 움직임과 연결된 다자 간 무역의 부흥으로 이어졌다면 일본의 무역 확대는 주로 쌍무적 계약을 통한 동남아 경제와의 통합 노력과 관련이 있다. 무역 증가 속도에서도 차이가 있다. 서독은 생산 증가보다 무역 확대가 더 큰 폭으로 이루어진 반면 일본의 무역 회복은 상대적으로 느렸다.

SCAP는 일본의 국내 경제에 대해서는 일본 정부를 통한 간접 통치 방식을 선호하였는데, 국제적 측면에서는 직접 관여하여 일본의 대외 무역 및 외환 수급을 통제하였다. 1949년 말까지 교역의 대부분은 정부 간에만 이루어진 쌍무적 '공무역'이었고, 경화(달러)로만 결제되었으며, 나중에는 '개방 계좌'(open account)를 사용하기도 하였다. 무역 회복이 매우 느려 1949년의 수출액은 1934-1936년 수준의 16%에 불과하였다. 수입액은 원조를 포함해 29%에 달하였다. 1949년에야 수출업자가 외환을 보유할(수출액의 3-10%) 수 있게 되었다. SCAP는 무역소를 설립하여 일본의 모든 대외 거래를 독점하게 하였다. 무역소는 외국 정부의 대표단과만 거래할 수 있었다. 이 가운데는 1946년 10월 현재 미국 정부를 대표하는 유에스 상업 회사(U.S. Commercial Company), 중국 정부의 사절단, 한국의 미군, 홍콩 정부, 도쿄의 영국 연락사절단, 도쿄의 소련 해외 무역 위탁상 등이 있었다. 무역소를 통한 거래는 비효율적이고 결제도 지연되었다.

1947년 8월에 수출에 한해 '제한된 사무역'이 허용되어 제조업

31) Wallich(1955: 216-217, 230, 243); Hardach(1987: 467-470); Abelshauser(1983: 160). 다음 절 〈표 2-1〉의 계산에 의하면 1938년과 1954년 동유럽, 남동유럽의 비중은 각각 20%, 5%로 나타났다.

자가 SCAP의 허가를 받은 외국의 수입업자와 직접 교섭을 할 수 있었다. 1948년 8월에는 '수입업자–공급자' 계약 시스템이 도입되었다. 가격 결정도 SCAP이 통제하여 '최저 가격', '공정 가격' 등을 설정하였다. 이것은 국내의 임금 통제, 생산 보조, 최고 가격 정책과 연결되지도 않았고 자의적으로 결정되었다. 1949년 4월의 단일 환율제(1달러=360엔) 도입 이전에는 수출 상품마다 환율이 달라(600엔에서 900엔까지) 혼란스러웠다. 무역 통계도 신뢰성이 없었다. 이와 같은 무역 통제와 외환 통제는 점령기가 끝난 이후에도 지속되어 '따라잡기' 기간 동안 수입 규제, 외국 주식 자본 배제를 유지하였으며 수입 자유화와 자본 자유화를 지연시켰다.[32)]

서유럽과 마찬가지로 일본도 무역 부흥을 위해서는 지역적 경제 통합을 생각해야 하였다. 전쟁 전 조선, 대만, 만주, 북중국에 대신하여 이제 동남아가 그 대상이 되었다. 네덜란드, 프랑스, 영국의 식민지인 동남아 국가에서는 민족주의가 고조되고 독립운동이 사회주의적 색채를 띠었다. 1949년경 미국의 동남아 정책은 이 나라들이 공산화되기 전에 서둘러 민족주의 온건파를 지지하여 독립시키고 이들을 통해 경제 통합을 추구할 수 있도록 유럽 국가들이 식민지 정책을 '합리화'하게끔 개입한다는 것이었다.[33)]

그것은 동남아의 원자재가 일본, 유럽, 인도, 호주의 공산품과 교환되는 분업 체계를 만드는 것으로서 1950년 초 애치슨의 지역 정

32) Hollerman(1979: 710-719).
33) 소위 Indonesian Model이다(Fifield 1973: 79-86; Schaller 1985: 155-157).

책으로 구체화된다. 즉, 일본과 동남아의 협력으로 공산주의 팽창을 억제한다는 것인데, 교역과 군사 지원, 경제 발전 등이 주요 내용이다. 일본 경제의 회복에는 동남아에서 공산주의를 척결하고 경제 발전을 촉진하여 전쟁 이전의 조선과 만주의 역할을 동남아가 해주도록 만드는 것이 중요하였다. 즉, 미국의 대동남아 정책은 직접적인 것이었기보다는 '우방'(일본)에 도움을 주는 방식으로 이끈다는 것이었다.[34)]

일본 중심의 아시아 경제 통합 논의는 얼핏 대동아공영권을 연상시킨다. 여하튼 여러 가지 구상이 점령 정책 입안 과정에 등장하였다. 정책 전달 창구의 단일화, 일본을 통한 동남아 지원('조성된 원조'), 엔화 신용 기금, 즉 미국에 진 채무를 엔화로 갚아 동남아 지원, 엔화 대충자금 기금으로 동남아 식품, 광물 생산에 투자, 경제 원조와 군사 보호와의 연계 등이 있었다. 이들은 모두 1950년 초에 있었던 제섭(Jessup) 조사단, 앤드류스/웨스트(Andrews/West) 조사단, 그리핀(Griffin) 조사단 등의 보고서에 포함되어 있다.[35)]

한국전쟁은 미국의 일본 점령을 종식시킬 무대를 제공하였고 평화 조약의 계기가 되었다. 1951년 9월 샌프란시스코 회의를 거쳐 1952년 4월부터 일본의 주권이 회복되었다. '지역 접근' 통합 설계가 예측하지 못하였던 형태로 자리를 잡았다. 일본과 중국의 교역을 제한하는 한편, 일본을 '아시아의 공장'으로 만든다는 목표로 일본

34) Fifield(1973: 142-147).
35) Schaller(1985: 212-231).

에게 독자적인 경제 발전을 추진하게 하면서 재무장을 허용한 것이다.

원자재 확보와 수출 시장으로 동남아를 개발하기 위해 일본으로 하여금 동남아에 배상금을 지불하게 하였다. 이것은 동남아를 일본과의 경제 관계를 통해서 서방 진영에 머물게 한다는, 미국 세계 전략의 일환이었다. 동남아에 대한 일본의 배상은 고도 성장기에 걸쳐 분할 지불됨으로써 그 부담이 실제로는 경미하였다. 지불 내용도 서비스만이 아니라 자본재를 중심으로 한 실물 배상이었다. 이로써 무상 경제 협력, 엔 차관 등의 제공과 함께 동남아에 대한 일본의 재진출이 가능하게 되었다.[36)]

그러나 동남아는 수입 능력 제한으로 일본 공산품을 충분히 사지 못하였다. 또한 일본의 자본재는 서독과, 비료는 이탈리아와, 직물은 인도와 경쟁하였으며, 영국의 방해와 경쟁, 배상 문제, 무역 및 외환 통제, 유치산업 보호 관세, 수입 할당, 통화 불태환 등으로 일본의 동남아 지역 무역 확대에 한계가 있었다. '조성된 원조'도 장기적으로 실패한 것으로 평가된다. 전술하였듯이 무역 확대보다 군수품 특수가 중요하였다. 1954년 무렵, 일본은 미국 시장 강조 쪽으로 선회하였으며, 일본이 동남아에서 지배적 역할을 하게 된 데는 1970년대 아시아개발은행(ADB, 1966 설립)과 엔화 원조가 중요하였다.[37)]

---

36) Schaller(1985: 290-295). 배상금은 필리핀 8억 달러, 버마 2억 달러, 인도네시아 4억 달러 등이었다(Borden 1984: 204).
37) Borden(1984: 214-219).

2. 무역 패턴의 재편

전후 무역 회복 및 확대 과정에서 달러 부족을 해결하기 위해 경제 협력 및 지역적 경제 통합을 점령 정책의 일환으로 추진했다고 앞에서 설명하였다. 이제 이용할 수 있는 통계 자료를 가지고 무역 패턴의 변화를 살펴보자.

1930년대 유럽은 스털링 블록, 금 블록, 나치 무역 지역으로 분할되어 전반적으로 무역량이 줄었다. 독일의 경우 아우타르키(Autarkie)를 추구하면서 쌍무적 계약을 통해 무역 비중을 동유럽, 남동유럽 쪽으로 옮겨 갔다. 그럼에도 불구하고 독일은 1938년경에 유럽 대륙 거의 모든 나라의 주요 교역 대상국 목록에서 1위를 차지하였다. 프랑스와 벨기에에만 2위였다. 〈표 2-1〉에서 보는 바와 같이 독일 무역은 남동유럽에 유리한 방향으로 재편되었다. 스칸디나비아, 남미와의 교역량도 증가하였다. 대조적으로 영국이나 금 블록 나라들과의 무역은 덜 중요하게 되었는데, 이들이 다른 공급지와 시장으로 눈을 돌렸고, 특히 그들 자신의 제국 내에서 무역을 증대시켰기 때문이다.

세계 대전이 시작되어 주변국들을 점령한 나치 독일은 1940년에 이미 다자 간 결제 기구를 만든다. 제국은행 산하의 중앙 결제연합(Deutsche Verrechnungskasse)이 보호령 및 점령 지역을 포함한 '대경제권'(Grosswirtschaftsraum)의 결제소 역할을 하였다.

이것은 점령 지역을 착취하는 수단이라고 할 수 있다. 전쟁 중

〈표 2-1〉 독일과 서독의 무역 상대국 구성

(단위: 백만 달러, %)

	1928				1928			
	수입		수출		수입		수출	
유럽								
EEC[1)]	1,053	(18.6)	1,217	(25.1)	315	(14.2)	481	(22.2)
스칸디나비아[2)]	344	(6.1)	496	(10.2)	249	(11.2)	271	(12.5)
동유럽[3)]	584	(10.3)	693	(14.3)	153	(6.9)	157	(7.3)
남동유럽[4)]	220	(3.9)	246	(5.1)	263	(11.8)	281	(13.0)
스페인, 포르투갈	127	(2.2)	104	(2.1)	47	(2.1)	47	(2.2)
스위스, 오스트리아 (1938독-합병)	227	(4.0)	403	(8.3)	77	(3.5)	130	(6.0)
영국	360	(6.4)	476	(9.8)	113	(5.1)	140	(6.5)
비유럽								
영국 자치령 및 식민지[5)]	794	(14.0)	260	(5.4)	230	(10.4)	160	(7.4)
미국	817	(14.4)	321	(6.6)	163	(7.3)	60	(2.8)
남미	624	(11.0)	358	(7.4)	357	(16.1)	255	(11.8)
아시아	338	(6.0)	239	(4.9)	168	(7.6)	155	(7.2)
기타	175	(3.1)	35	(0.7)	87	(3.9)	25	(1.2)
총계	5,663	(100)	4,848	(100)	2,222	(100)	2,162	(100)

	1949				1954			
	수입		수출		수입		수출	
유럽								
EEC[1)]	410	(18.6)	502	(44.7)	1,124	(25.0)	1,534	(29.4)
스칸디나비아[2)]	175	(7.9)	109	(9.7)	466	(10.4)	769	(14.7)
동유럽[3)]	59	(2.7)	24	(2.1)	51	(1.1)	42	(0.8)
남동유럽[4)]	71	(3.2)	60	(5.3)	188	(4.2)	239	(4.6)
스페인, 포르투갈	18	(0.8)	7	(0.6)	93	(2.1)	125	(2.4)
스위스, 오스트리아	79	(3.6)	137	(12.2)	300	(6.7)	546	(10.4)
영국	53	(2.4)	102	(9.1)	202	(4.5)	205	(3.9)
비유럽								
영국 자치령 및 식민지[5)]	172	(7.8)	64	(5.7)	450	(10.0)	441	(8.4)
미국	825	(37.4)	47	(4.2)	532	(11.8)	295	(5.6)
남미	156	(7.1)	30	(2.7)	570	(12.7)	524	(10.0)
아시아	78	(3.5)	24	(2.1)	348	(7.7)	324	(6.2)
기타	109	(4.9)	16	(1.4)	169	(3.8)	182	(3.5)
총계	2,205	(100)	1,122	(100)	4,493	(100)	5,226	(100)

주: 1) 프랑스, 네덜란드, 벨기에, 룩셈부르크, 이탈리아.
2) 노르웨이, 덴마크, 스웨덴, 핀란드.
3) 폴란드, 에스토니아–라트비아–리투아니아, 소련, 체코-슬로바키아.
4) 유고슬라비아, 루마니아, 헝가리, 그리스, 불가리아, 터키.
5) 캐나다, 오스트레일리아, 뉴질랜드, 아일랜드, 이집트, 영국령 니아살랜드, 남아프리카, 수단, 영국령 동아프리카, 영국령 서아프리카, 영국령 서인도 제도, 인도–버마–실론, 홍콩, 영국령 말라야.
자료: League of Nations(1942: 155); IMF, *Direction of Trade Statistics*(1950, 1955)에서 계산.

무역 통계는 국경을 넘는 액수만 기록하였으므로 결제 쪽에서 계산한 자료, 즉 자본 수지를 이용할 수밖에 없다. 〈표 2-2〉는 각국에 대한 누적 결제 잔고를 보여 주는데, 프랑스, 네덜란드, 벨기에, 폴란드 등에 결제 적자가 크고 여타 동유럽이나 남유럽은 상대적으로 착취 액수가 적었음을 알 수 있다.[38)]

〈표 2-3〉은 1928-1960년간의 독일과 서독의 무역 구성이다. 품목별 수입 비중을 보면 1940년까지는 원자재 비중이 높다가 1943년에 완제품이 압도적으로 상승하였다. 전쟁 도중 독일의 수입 구조는 '비특화'(despecialization) 현상을 보인다. 여기에서 1950년대 중엽 이후 산업 내 무역이 다시 강화되는 현상이 나타날 것이 예견된다. 1960년 완제품 수입 비중에서 이를 읽을 수 있다. 다시 말해 독일의 점령지는 독일에 대한 원자재 공급원이 아니라 독일에서 생산 요소와 자본 장비를 가져다 완제품을 만들어 되파는 강요된 통합 경제였음을 나타낸다. 또한 프랑스와 베네룩스 3국과의 교역이 동유럽보다 상대적으로 컸다는 〈표 2-2〉의 자료는 전후 서독의 EPU 가입

38) 양동휴(2004: 236).

〈표 2-2〉 독일의 누적 결제 잔고, 1940-1944(연말)

(단위: 백만RM)

	1940	1941	1942	1943	1944
벨기에	−131.9	−666.4	−1,980.1	−3,882.9	−4,976.2
덴마크	−190.7	−384.1	−559.1	−1,007.9	−1,421.2
프랑스	−55.2	−811.9	−2,590.0	−5,799.9	−8,532.2
폴란드	−11.3	−754.5	−1,753.0	−2,845.2	−4,712.7
그리스	−5.9	−59.1	−65.5	+69.3	+261.9
네덜란드	−425.4	−1,255.8	−2,345.6	−4,240.2	−5,989.6
노르웨이	+13.1	+59.5	+90.6	+159.6	+21.5
보호령 (보헤미아, 모라비아)	+0.2	−0.3	−11.2	−12.2	−3.5
세르비아	−	−52.4	−154.2	−370.2	−553.1
유고슬라비아	+46.5	+56.7	+50.5	−6.3	−10.5
우크라이나	−	−	−3.5	+279.6	+292.8
러시아	−	−	−	+318.4	+204.0
에스토니아	−0.3	−0.1	−0.1	−0.1	−
리투아니아	−2.3	−2.3	−2.3	−2.3	−
라트비아	−0.8	+0.1	+0.1	+0.1	−
합계 I	−763.3	−3,870.7	−9,323.4	−17,340.1	−25,418.9
알바니아	−	−	−	−	−2.3
불가리아	−48.5	−219.7	−425.4	−657.8	−758.2
핀란드	+6.0	+99.9	+131.1	+143.3	+31.9
이탈리아	−15.6	−236.3	−503.8	−241.8	−147.3
크로아티아	−	−23.8	−99.8	−563.2	−1,051.6
루마니아	−55.7	−360.1	−623.8	−721.8	−1,126.4
슬로바키아	−86.1	−197.6	−275.7	−466.3	−631.7
헝가리	−0.1	−193.0	−577.3	−1,049.5	−803.7
합계 II	−199.2	−1,130.5	−2,374.8	−3,557.0	−4,489.3

자료: Bundesarchiv Koblenz, R7/3636, fol.41.

〈표 2-3〉 독일, 서독 무역의 상품 구성

(단위: %)

	농산물		원자재		반제품		완제품		무역 수지 / 무역액
	수입	수출	수입	수출	수입	수출	수입	수출	
1928	40.9	6.4	28.3	12.2	17.9	12.2	12.9	69.2	−7.4
1938	39.5	1.2	32.9	9.5	18.8	8.4	7.9	80.0	−1.8
1940	47.2	2.5	21.0	14.8	21.2	9.3	9.7	73.4	−1.5
1943	40.0	6.8	13.5	13.1	13.1	13.0	32.4	66.9	
1950	44.1	2.3	29.6	14.0	13.7	18.8	12.6	64.9	−13.6
1960	26.3	2.3	21.7	4.6	18.9	10.4	32.2	82.4	6.4

주: 1928과 1950 총계에서는 자르 지방 제외.
자료: Berger and Ritschl(1995: 224).

이 서독 무역 방향의 재편이 아니라 예전 전시 패턴으로의 복귀를 뜻하는 것으로 볼 수 있다.[39)]

전시의 수출 구조는 전쟁 전에 시작하여 전쟁 후에 다시 나타날 장기 패턴에서 벗어난 듯 보인다. 그러나 수출 상품 구성은 1928년과 1950년, 그리고 높은 완제품 비중에서 1938년과 1960년이 매우 비슷하다. 이것은 1950년에 구태의연한 전간기 구조로 후퇴하였다가 1960년에 본래의 패턴으로 복귀하는 독일 경제의 재건 잠재력을 의미할 수 있다.

이와 같이 종전 당시 서유럽의 단기적인 경제 상황은 분열과 각국별 아우타르키가 아니고 나치 독일의 전쟁 기구에 강제된 통합이

39) Berger and Ritschl(1995: 222-225).

었다. 따라서 서유럽에서 무역 블록을 만드는 것도, 다자 간 결제 기구를 고안하는 것도 전혀 새로운 과제가 아니었다. 제국은행 총재 샤흐트의 유산을 정책 당국이 음미하였을 대목이다. 어찌되었든 1940년대 말의 문제는 일반적인 무역 단절이 아니라 독일과의 무역 단절이었다. 자본재를 미국에서 계속 수입하려니 달러 부족이 심각하였는데 전통적인 자본재 공급원인 독일 경제를 활성화시키지 않고서는 이를 극복할 수 없었던 것이다.[40]

〈표 2-1〉의 무역 상대국 구성을 다시 보면 전후 EEC 국가의 비중이 압도적으로 커져서 지역 통합의 모습이 뚜렷하여 스위스, 오스트리아 등 인접국과의 무역도 증가세를 보인다. 대조적으로 동유럽, 남동유럽의 비중은 급락하였다. 영국과의 무역도 쇠퇴하였다. 미국의 중요성은 종전 직후 특히 수입액이 눈에 띄게 증가하였으나 점차 안정세로 돌아서는 듯하다.

일본의 무역 패턴 변화는 서독과 다른 양상을 띠었다. 전쟁 전 일본은 전형적인 가공 무역을 수행하고 있었다. 선진국 특히 미국에 생사를 수출하고 대신 원면 등을 수입하였으며, 이를 가공한 면직물을 저개발국, 즉 인도, 동남아시아, 호주, 중남미, 아프리카 등지로 수출하였다. 여기서 다시 산업 원자재를 수입해 만든 철강, 기계, 금속 등 중공업 제품을 인접국인 식민지 조선, 대만, 그리고 중국, 만주로 수출하고 대신 기본 식량이나 석탄 등을 수입하는 형태

40) Berger and Ritschl(1995: 225-226).

이다.[41] 석유, 철광석, 고무, 원면, 양모 등 산업 원자재의 수입 의존도는 매우 높아 80% 이상이었으며, 만성적 무역 적자를 해운 수입으로 일부 상쇄하는 정도였다.

전쟁 중의 체계적인 무역 자료는 현재 손쉽게 구하기 어렵다. 하지만 전쟁 전의 패턴이 지속되었을 것으로 짐작된다. 패전 후 식민지 상실, 식품 부족, 국제적 지위 하락, 미국의 영향력, 사회주의 국가 특히 중국과의 교역 단절, 세계 통화 혼란, 불태환, 달러 부족, 저개발국의 공업화 등 외부 환경의 급속한 변화 때문에 무역이 극히 위축되었음은 전술한 바와 같다. 무역이 어느 정도 회복된 후에는 극심한 무역 적자를 미국의 원조와 특수 주문으로 메워 나갔다. 원자재를 수입하고 이를 가공하여 수출하는 전쟁 전 패턴이 다시 보이고 중화학 수출의 비중도 늘어났다(〈표 2-4〉 참조). 그러나 국민소득 가운데 수출과 수입이 차지하는 비중이 전쟁 전 수준의 절반을 회복하는 데도 10년 이상 걸렸다. 여러 변화 중에서 중국 시장 단절, 미국 의존도의 심화 등이 가장 두드러진다.[42]

〈표 2-5〉는 일본 무역의 지역 구조를 보여 준다. 전쟁 중과 종전 직후인 1940년대 자료가 빠져 있다. 그러나 무역 대상국에서 중국, 대만, 조선의 비중이 급속히 줄고 동남아, 남·서아시아와 미주 지역의 몫이 커진 것을 곧 알 수 있다.

41) 行澤健三·前田昇三(1978: 76-82). 이들은 1902, 1912, 1925, 1935년에 대해 품목별 대상국별 상세한 무역 통계를 제공하고 있다.

42) 당시 관찰들에서 이미 이러한 분석이 나오고 있다(Uchida 1957; Okita 1960; Borton et al. 1957; Ozaki 1963 등 참조).

〈표 2-4〉 일본의 상품류별 수출입 구성비(5개년 평균)

(단위: %)

	식료품	원자재	반제품	완제품	잡품
수출					
1930-34	8.3	4.1	31.5	53.4	2.7
1935-39	9.4	4.5	26.1	57.6	2.4
1940-44	9.7	3.4	18.9	64.4	3.6
1945-49	4.9	5.0	25.0	62.1	2.9
1950-54	7.7	3.0	28.6	59.6	1.1
수입					
1930-34	10.4	58.8	16.2	13.7	0.8
1935-39	7.6	54.4	24.7	12.6	0.6
1940-44	18.2	51.1	20.4	9.4	1.0
1945-49	44.4	31.8	11.0	11.7	1.1
1950-54	29.7	50.3	8.6	11.4	0.1

자료: 安藤良雄 編(1978: 22).

〈표 2-6〉은 빠진 기간 중 몇 개 연도를 1936년과 비교해 제시한 것이다. 종전 직후 무역이 매우 느리게 회복 중이었으나 이미 차후의 패턴이 확인된다.

동남아의 원자재 수입 비중이 커졌지만 수출은 무역 장벽 때문에 충분히 팽창하지 못하였다. 관세는 낮은 편이었으나 외환 통제, 수입 할당 등이 장애였다. 결제 제도에도 문제가 있었다. 일본이 1950년대까지 유지해 온 분류법에 따라 영연방 국가와는 파운드 스털링으로 결제한 반면 대만, 인도네시아, 필리핀, 태국은 '개방 계

〈표 2-5〉 일본의 지역별 무역 구성비

(단위: %)

	1927-1936		1930-1939		1951-1955		1965-1960	
	수입	수출	수입	수출	수입	수출	수입	수출
조선	13.1	14.6	14.8	18.5	0.5	3.8	0.4	2.2
대만	9.3	6.2	10.4	7.0	2.8	4.1	1.7	2.7
관동주	3.2	7.1	1.8	10.3	1.7	0.8	1.4	1.2
만주	5.0	3.4	5.9	5.2				
중국	5.8	8.5	4.5	6.6				
홍콩	0.1	1.8	0.1	1.2	0.3	5.0	0.6	4.3
러시아령 아시아	0.9	0.7	0.6	0.5	–	–	–	–
동남아시아	6.3	8.0	6.6	7.6	12.6	16.4	12.2	13.9
남·서아시아	9.4	9.1	8.2	9.0	14.1	16.6	14.2	11.6
북미	25.8	24.7	26.8	17.2	45.2	22.8	44.2	30.8
중남미	1.1	2.0	2.1	2.6	5.0	6.6	3.1	4.4
유럽	12.0	7.2	10.3	7.2	7.7	10.9	9.7	12.3
아프리카	1.8	4.3	2.4	4.7	2.7	9.3	3.1	13.6
대양주	6.2	2.5	6.4	2.5	7.6	3.7	9.3	3.1

자료: 大川一司 外 編(1965: 9-10).

좌'(open account)로 지정되어 이들과의 무역에는 쌍무적 계약이 필요하였다. 따라서 파운드 준비금의 다과에 따른 제약, 또한 쌍무적 무역 협정의 번거로움 따위가 뒤따랐다.[43]

일본의 전후 무역이 회복 속도가 느리고 무역 대상국 비중에 약간 변화가 있었더라도 원자재를 수입하고 완제품을, 그리고 점차

43) Huh(1966: 134-148).

〈표 2-6〉 일본 무역의 지리적 분포, 1936, 1946, 1947, 1949

(단위: 백만 달러)

<table>
<tr><th rowspan="2"></th><th colspan="2">1936</th><th colspan="2">1946</th><th colspan="2">1947</th><th colspan="2">1949</th></tr>
<tr><th>수입</th><th>수출</th><th>수입</th><th>수출</th><th>수입</th><th>수출</th><th>수입</th><th>수출</th></tr>
<tr><td>미국</td><td>246</td><td>172</td><td>298</td><td>103</td><td>334</td><td>73</td><td>578</td><td>83</td></tr>
<tr><td>조선</td><td>150</td><td>188</td><td>0</td><td>16</td><td>2</td><td>16</td><td>4</td><td>16</td></tr>
<tr><td>대만</td><td>104</td><td>71</td><td rowspan="3">5</td><td rowspan="3">5</td><td rowspan="4">157</td><td rowspan="3">36</td><td>23</td><td>8</td></tr>
<tr><td>만주</td><td>69</td><td>144</td><td rowspan="2">22</td><td rowspan="2">3</td></tr>
<tr><td>중국</td><td>45</td><td>46</td></tr>
<tr><td>프랑스령 인도지나</td><td>6</td><td>1</td><td>–</td><td>–</td><td>16</td><td>7</td><td>8</td></tr>
<tr><td>홍콩</td><td>10</td><td>17</td><td>2</td><td>4</td><td rowspan="5">92</td><td>19</td><td>1</td><td>27</td></tr>
<tr><td>버마</td><td rowspan="3">108</td><td rowspan="3">75</td><td>–</td><td>1</td><td>14</td><td>6</td><td>5</td></tr>
<tr><td>인도</td><td>–</td><td>–</td><td rowspan="2">25</td><td>14</td><td>65</td></tr>
<tr><td>파키스탄</td><td>–</td><td>–</td><td>16</td><td>17</td></tr>
<tr><td>오스트레일리아</td><td>53</td><td>20</td><td>–</td><td>1</td><td>4</td><td>28</td><td>16</td></tr>
<tr><td>필리핀</td><td>11</td><td>15</td><td>–</td><td>–</td><td rowspan="4">92</td><td>18</td><td>14</td><td>21</td></tr>
<tr><td>네덜란드령 인도네시아</td><td>33</td><td>38</td><td>–</td><td>–</td><td>63</td><td>16</td><td>28</td></tr>
<tr><td>캐나다</td><td>21</td><td>4</td><td>–</td><td>–</td><td>0</td><td>5</td><td>6</td></tr>
<tr><td>기타</td><td>180</td><td>205</td><td>0</td><td>0</td><td>44</td><td></td><td></td></tr>
<tr><td>합계</td><td>1,056</td><td>1,040</td><td>305</td><td>131</td><td>676</td><td>339</td><td></td><td></td></tr>
</table>

주: 수입CIF 1947은 운송비 제외, 1947을 CIF로 조정하면 합계액 909, 수출 FOB.

자료: LC 96/156 10-804-01.1, NAC staff doc. No.162(1947); LC96/156 6-413-07, Foreign Service of the USA Annual Economic Report-Japan-1950.

중화학 공업품을 수출하는 패턴은 전쟁 전부터 있던 것이다. 그리고 서독의 무역 패턴은 대상국에서나 자본재 수출 경향에서나 전전 모습으로의 복귀이다. 무역 패턴의 역사적 관성을 주장하는 연구들이 시사점을 준다. 인구, 소득, 거리, 인접성(국경 공유 여부)을 기본으로 무역 정책 등 외생적 요인의 효과를 가늠하기 위해 고안된 중력 모형(gravity model)에 시차 변수를 넣으면 유의한 결과가 나온다는 것이다.[44]

V 맺음말

연합국의, 사실상 미국의 서독과 일본 점령 정책은 초기 시행착오 과정을 거치기는 하였으나, 이들의 경제를 부흥시켜 각각 유럽과 아시아에서 공산주의의 팽창을 봉쇄할 첨병으로 육성한다는 목적을 가졌고 또한 이를 달성하였다. 그러나 그 내면에는 세계적인 달러 부족 사태를 해결하고 미국 중심의 협조적 세계 경제를 건설하려는 대원칙이 있었다. 이를 위해 서독과 일본을 각각 유럽과 아시아의 '공장'으로 만들어 지역 경제 통합의 주역이 되도록 할 필요가 있었다. 즉, 집단 안보와 무역망 구축이 함께 간 것이다.

유럽에는 마셜 원조와 EPU 결성을 통해 유럽 경제 통합의 씨앗을 뿌렸고, 일본에게는 EROA 원조로 시작하여 엄청난 액수의 군수품 주문을 제공하였으며, 동남아 쪽으로의 진출을 북돋웠다. 특히,

44) Eichengreen and Irwin(1995, 1996). 또한 Estevadeordal et al.(2003) 참조.

유럽의 경우 슈만 계획(1950)을 통한 자발적 형태의 경제 통합 계획이 기다리고 있었으나, 미국은 유럽의 경제 부흥에 그치지 않고 정치적 재편까지 꿈꾸었다. "서유럽 자유무역동맹은 생산 수준과 생산성을 제고시켜 달러 부족을 해결할 뿐 아니라, 궁극적으로 서독을 포함한 서유럽의 국민 국가들을 유럽합중국(United States of Europe)으로 합병토록 할 것이었다." 유럽 국가들이 이에 반발한 것은 당연하였으며, 이후 통합 유럽의 대미 관계가 서먹서먹한 것은 충분히 이해할 수 있다.[45]

이리하여 상호방위조약은 물론 NATO(1949)와 OEEC(1948), ECSC(1951)가, SEATO(1955)와 ECAFE(1947)가 궤를 같이하여 출범한 것이다.

결국 서독과 일본이 그토록 원하였으나 실패하였던 대경제권(Grosswirtschaftsraum)과 대동아공영권으로 다시 진출할 길을 미국이 열어준 셈이다. 서독과 일본은 얼마 되지 않아 유럽과 아시아의 '공장'이 되었고, 각각 유럽과 아시아 경제권의 중심이 되었다.[46] 달러 부족은 해소되었다. 달러 부족 해소는 지나쳐서 1960년대 말부터 소위 '트리핀 딜레마'에 빠져들었다.[47] 다자 간 교역에 기반을 두고 세계 경제를 주도하던 미국은 1990년대 중엽부터 지역주의로 선회하

45) Milward(1984: 467, 501-502).

46) 2005년 통계를 보면 독일의 대유럽 무역 비중은 수입 71.7%, 수출 74.2%나 되고 미국이 차지하는 비중은 각각 6.6%와 8.8%였다. 일본의 대선진 공업국 교역 비중은 줄어들어 수입 32.0%, 수출 41.1%였으나 아시아의 비중은 각각 44.6%와 48.6%였다(IMF 2006에서 계산).

47) Triffin dilemma: 금환본위제의 기본적 역설로서 전 세계가 달러 부족으로 고생하든가 아니면 미국이 경상수지 적자 누적으로 허덕이며 달러의 신인도를 잃든가 중의 하나밖에 없다는 것.

였다. GATT/WTO 협상의 어려움 등 원인이 많았겠지만 세계 경제 후생을 위해서는 아쉬운 일이다.

이와 같이 엄청난 역사적 의미가 있는 서독과 일본을 점령한 경험에서 단지 '점령'이라는 단어가 같다는 이유로, '체제 전환'(regime change)을 수반하였다는 이유로, 아프가니스탄이나 이라크 점령에 주는 교훈을 찾으려는 노력은 넌센스에 가깝다.[48)]

48) 예를 들어, Gough(2003), Jennings(2003).

참고문헌

Bundesarchiv Koblenz, R7/3636, fol.41.

IMF, *Direction of Trade Statistics*, Washington, D.C.: International Monetary Fund, 1950, 1955, 2006.

League of Nations, *The Network of World Trade*, Folke Hilgert, ed., 1942.

Library of Congress Microfiche, LC 96/156 10-804-01.1, NAC staff doc. No. 162, 1947.

_______, LC96/156 6-413-07, Foreign Service of the USA Annual Economic Report-Japan-1950.

SCAP(Supreme Commander for the Allied Power), *Political Reorientation of Japan*, Vol. 2, GPO, 1949.

U.S. Dept. of State, *Occupation of Japan: Policy and Progress*, GPO, Pub. 267, 1946.

_______, *Occupation of Germany: Policy and Progress*, GPO, Pub. 2783, 1947.

김종현, 『근대일본경제사』, 비봉출판사, 1991.

양동휴, 「세계화의 역사적 조망」, 『경제발전연구』, 10(1), 2004a.

_______, 「마셜플랜의 경제적 성과와 의의: 서독의 재건과 유럽통합

의 추진」,『경제사학』, 37, 2004b.

安藤良雄 編,『近代日本經濟史要覽』, 東京大學出版會, 1975.

行澤健三·前田昇三,『日本貿易の長期統計』, 同朋舍, 1978.

大川一司 外 編,『長期經濟統計推計』,(LTES), Vol. 14,『貿易と國際收支, 東洋經濟新報社』, 1965.

中村隆英 編,『占領期日本の經濟と政治』, 東京大學出版會, 1979.

中村隆英,『日本經濟: その成長と構造』, 第3版, 東京大學出版會, 1993.

中村正則,『占領と改革』, 岩波書店, 1995.

Abelshauser, Werner, *Wirtschaft in Westdeutschland 1945-1948: Rekonstruktion und Wachstumsbedingungen in der amerikanischen und britischen Zone*, Stuttgart: Deutsche Verlagsanstalt, 1975.

______, *Wirtschaftsgeschichte der Bundesrepublik Deutschland 1945-1980*, Frankfurt/M: Suhrkamp, 1983.

______, "American Aid and West German Economic Recovery: A Macro-economic Perspective," in C. S. Maier and G. Bischof, eds., *The Marshall Plan and Germany: West German Development within the Framework of the European Recovery Program*, New York: Berg, 1991.

Berger, Helge and Albrecht Ritschl, "Germany and the political economy of the Marshall Plan, 1947-1952: a re-revisionist view," in

Eichengreen, ed., *Europe's Postwar Recovery*, 1995.

Berghan, Volker R., *The Americanisation of West German Industry 1945-1973*, Cambridge: Cambridge University Press, 1986.

Bernecker, Walther L., "Die Neugründung der Gewerkschaften in den Westzonen 1945-1949," in Josef Becker, Theo Stammen, Peter Waldmann, hrsg., *Vorgeschichte der Bundesrepublik Deutschland*, München: Wilhelm Fink Verlag, 1979.

Block, Fred, *The Origins of International Economic Disorder*, Berkeley: University of California Press, 1977.

Borden, William S., *The Pacific Alliance: United States Foreign Policy and Japanese Trade Recovery, 1947-1955*, Madison: University of Wisconsin Press, 1984.

Borton, Hugh et al., *Japan between East and West*, New York: Harper & Brothers, 1957.

Buchheim, Christopher, "Marshall Plan and Currency Reform," in I. M. Diefendorf, A. Frohn, and H. J. Rupieper, eds., *American Policy and the Reconstruction of West Germany, 1945-1955*, Cambridge: Cambridge University Press, 1993.

Cairncross, Alec, *The Price of War: British Policy on German Reparations 1941-1949*, Oxford: Basil Blackwell, 1986.

Clay, Lucius D., *Decision in Germany*, Garden City, NY: Doubleday & Co., Inc, 1950.

Cohen, Jerome B., *Japan's Economy in War and Reconstruction*, Minneapolis: University of Minnesota Press, 1949.

Dower, John W., *Embracing Defeat: Japan in the Wake of World War II*, New York: W. W. Nortom, 1999.

Eichengreen, B., ed., *Europe's Postwar Recovery*, Cambridge: Cambridge University Press, 1995.

Eichengreen, B. and Douglas Irwin, "Trade Blocs, Currency Blocs and the Reorientation of World Trade in the 1930s," *Journal of International Economics*, 38, 1995, pp. 1-24.

______, "The Role of History in Bilateral Trade Flows," NBER Working Paper No. 5565, 1996.

Estevadeordal, Antoni, Brian Frantz, and Alan M. Taylor, "The Rise and Fall of World Trade, 1870-1939," *Quarterly Journal of Economics*, 118(2), 2003, pp. 359-407.

Feinstein, Charles, Peter Temin, and Gianni Toniolo, *European Economy between the Wars*, Oxford: Oxford University Press, 1997.

Feis, Herbert, *Between War and Peace: The Potsdam Conference*, Princeton: Princeton University Press, 1960.

Fifield, Russell, *Americans in Southeast Asia: The Roots of Commitment*, New York: Crowell, 1973.

Gilchrist, Simon and John C. Williams, "Transaction Dynamics in Vintage Capital Models: Explaining the Postwar Catch-up of Germany and

Japan," NBER Working Paper 10732, August 2004.

Gimbel, John, *The American Occupation of Germany: Politics and the Military, 1945-1949*, Stanford: Stanford University Press, 1968.

Gough, Roger, ed., *Regime Change: It's Been Done Before*, London: Policy Exchange, 2003.

Hardach, Gerd, "From Economic Disarmament to Economic Cooperation: Germany and Japan in American World Economy, 1941-1952," *Journal of International Studies*, 14, 1985.

______, "The Marshall Plan in Germany, 1948-1952," *Journal of European Economic History*, 16, 1987, pp. 433-485.

Hollerman, Leon, "International Economic Contracts in Occupied Japan," *Journal of Asian Studies*, 38(4), 1979, pp. 707-719.

Huh, Kyung Mo, *Japan's Trade in Asia: Development since 1926*, New York: Praeger, 1966.

Jennings, Ray Salvatore, "The Road Ahead: Lessons in Nation Building from Japan, Germany, and Afghanistan for Postwar Iraq," United States Institute of Peace, Peaceworks No. 49, 2003.

Kawai, Kazuo, *Japan's American Interlude*, Chicago: University of Chicago Press, 1960.

Kindleberger, Charles P., *The Dollar Shortage*, Cambridge: MIT Press, 1950.

Komiya, Ryutaro, ed., *Postwar Economic Growth in Japan*, Berkeley:

University of California Press, 1966.

Kramer, Alan, *The West German Economy, 1945-1955*, New York: Berg, 1991.

Krebs, Gerhard and Christian Oberlnder, eds., *1945 in Europe and Asia: Reconsidering the End of World War II and the Change of the World Order*, München: indicium Verlag GmbH, 1997.

Milward, Alan, *The Reconstruction of Western Europe 1945-51*, Berkeley and Los Angeles: University of California Press, 1984.

Neumann, L. William, *After Victory: Churchill, Roosevelt, Stalin and the Making of the Peace*, New York: Harper and Row, 1967.

Okita, Saburo, "Post-war structure of Japan's Foreign Trade," *Economica Internazionale*, 13(1), 1960, pp. 83-102.

Ozaki, Robert Shigeo, "Postwar Expansion of Japanese Exports," *Western Economic Journal*, 1(2), 1963, pp. 140-155.

Petzina, Dietmar and Ronald Ruprecht, Hrsg., *Wendepunkt 1945? Kontinuität und Neubeginn in Deutschland und Japan nach dem 2. Weltkrieig*, Bochum: Universitätsverlag Dr. N. Brockmeyer, 1992.

Schaller, Micheal, *The American Occupation of Japan: the Origins of the Cold War in Asia*, Oxford: Oxford University Press, 1985.

Streeck, Wolfgang and Kozo Yamamura, eds., *The Origins of Nonliberal Capitalism: Germany and Japan in Comparison*, Ithaca: Cornell University Press, 2001.

Turner, Ian D., ed., *Reconstruction in Post-War Germany: British Occupation Policy and the Western Zones, 1945-55*, Oxford: Berg, 1989.

Uchida, Kaisutoshi, "Japan's Foreign Trade after the War: with Special Emphasis on the Structure of Foreign Markets," *Bulletin of University of Osaka Prefecture*, Series D. Vol. 1, 1957, pp. 117-132.

Wallich, Henry C., *Mainsprings of the German Revival*, New Haven: Yale University Press, 1955.

Wolfe, Robert, *America as Proconsuls: United States Military Government in Germany and Japan, 1944-1952*, Carbondale and Edwardsville: Southern Illinois University Press, 1984.

Zeitlin, Jonathan and Gary Herrigel, eds., *Americanization and It's Limits: Reworking US Technology and Management in Post-war Europe and Japan*, Oxford: Oxpord University Press, 2000.

Zink, Harold, *The United States in Germany 1944-1955*, Princeton: D. van Nostrand Co., Inc., 1957.